© 은정아 2025

이 책은 저작권법에 의해 보호받는 저작물이므로 무단전재와 복제를 금합니다. 이 책 내용의 전부 또는 일부를 이용하려면 저작권자와 공출판사의 동의를 얻어야 합니다.

어떤, 응원

새로운 일로
새 삶을 이어가는
인터뷰 에세이

차례

여는글 6

1부. 선 긋기 14
익숙한 일터에서 길을 잃었다고 느낄 때

동굴 - 우리 모두에게 필요한 안전지대 17
: 교사에서 책을 매개로 하는 N잡러가 된 지영

모래시계 - 다른 세계로 쌓이는 한 줌의 시간 31
: 외국계 기업 팀장에서 독서공동체 <그믐>의 대표가 된 새섬

2부. 선 넘기 48
한 끗 차이 그 어마어마한 차이

비누 - 사라지고 사라지지 않는 것들 51
: 사무직 직원에서 친환경 제품을 만들고 연구하고 알리는 미경

뚜껑 - 뒤집으면 다른 세상 69
: 사무직·방문 교사를 거쳐 업사이클링 아티스트가 된 승희

언덕 - 손잡고 함께 걷는 길 83
: 교사에서 시인·화가·출판사 대표가 된 소담

3부. 선 상상하기
삐뚤어서 알 수 없어서 그래서 완벽한

98

지도 - 내 마음이 그린 희망
: 식품 회사 직원에서 수제 맥주 회사 대표가 된 나래

101

카메라 - 너머의 이야기
: 학원 강사에서 라이브커머스 쇼호스트가 된 민주

117

종소리 - 누구나 듣지만 아무나 듣지 못하는
: 비서직에서 편의점 직원이자 작가가 된 봉부아

133

4부. 선 잇기
새로운 삶을 잇기

148

씨앗 - 어떤 꽃이 피어날지 모를지라도
: 대기업·해외 취업·스타트업 다양한 경력으로 일하다, 청년 창업자가 된 혜승

151

우물 - 맑고 깊게 가득 찬, 마르지 않는
: 교사에서 사진작가가 된 선희

169

수프와 숲 - 모두 함께 든든하게
: 드라마 보조 작가에서 동네 서점 대표가 된 애리

185

닫는 글 201

여는 글

이 작은 응원이 가닿을 수 있기를

"앞이 안 보여요."

이제 갓 서른을 앞둔 후배는 무심한 말투로 툭, 뱉었다. 우리 앞에는 회의 자료들이 어지러이 펼쳐져 있었다. 나는 슬며시 작업 노트를 덮었다. 느슨했던 자세를 고쳐 앉았다. 그의 눈을 바라봤다. 이야기를 들었다.

간신히 하루하루를 이어가고 있지만, 발밑이 까맣다고. 이 어둠에 잠식될까 걱정되어 연애도, 결혼도 생각 못 하겠다고. 그의 이야기에 묵직하게 내려앉은 사회 문제들 -낮은 임금, 성차별, 비정규직 등-이 보였다. 고개를 끄덕였다. 이해도 됐고, 공감도 됐다. 그렇지만, 동시에 그에게 말하고 싶었다. 삶은 그렇게 납작하지 않다고. 당장 하는 일이 잘 풀리지 않아도, 적성에 안 맞는 것 같아도, 번아웃에 갇혀 앞이 안 보여도, 결혼해도, 아이를 낳아 키워도, 언제나 새로운 일을 할 수 있고 다른 기회가 생길 수 있다고. 아주 특별한 능력이 없어도, 나이가 들어도 괜찮다고. 우리는 또 다른 가능성을 품으며, 내 삶의 선을 새롭게 이어 나갈 수 있다고. 그렇게 말하고 싶었다. 그러나 하지 못했다. 막연하게 추상적인 긍정 언어가 더 큰 폭력처럼 느껴질 수도 있다는 걸 경험적으로 알고 있었으니까.

그 후로도 한참 뒤에야 이 작업이 시작되었지만, 사실상 이 책의 시작은 그날이었다. 후배에게 보내고 싶었던 이야기를 이제야 한다. 그에게 구체적 삶에서 퍼 올린 이야기를 들려주고 싶었다. 나도 그 후배처럼 그럴 때가 있었으니까. 그때 나 역시 작은 이야기를 듣고 힘을 냈으니까.

결혼을 하고, 아이를 낳으면서 나의 세계는 빠르게 달라졌다. 아이의 밥과 잠에 맞춰 나의 일상이 재배치됐다. 한없이 충만한 동시에, 한없이 초라한 날들이 주섬주섬 나를 따라왔다. 그때 우연히 평범한 할머니 할아버지를 만나 인터뷰하고 글을 쓰는 작업*을 하게 되었다. 마을 슈퍼 앞 정자에서, 노인정 바둑판 앞에서, 굽이진 골목 사이에서 시간의 말들이 강물처럼 흘렀다. 어떻

---

* 나는 골목의 소소한 일상을 담은 〈수원 골목잡지 사이다〉에서 할머니, 할아버지의 이야기를 듣고 썼다. 이를 계기로 『전쟁으로 고향을 떠나온 경기도민 이야기』, 『수려선』 등에도 참여해 평범한 사람들의 다양한 일상을 듣고 기록했다. 이와 관련한 이야기는 본문에서 보다 자세히 다루고 있다.

게 이런 이야기를 평생 품고 사셨나 싶었다. 오랜 삶에서 길어 올린 이야기 속에 있다 보면 몇 시간이 훌쩍 지나 있곤 했다. 같은 시대를 살아왔던 그분들의 삶의 모습은 크게 보면 비슷했지만, 가까이 보면 모두 달랐다. 각자가 그어온 선, 고유한 결이 있었다.

그 다채로운 삶의 선이 내게는 응원이었다. 용기를 얻고, 위로를 받았다. 사는 건 원래 고난이지만, 이 시간이 오히려 자산이 될 수 있다는걸. 아프고 힘들어도 그게 영원하지 않다는걸. 나 역시 지금 여기에서 내가 가고 싶은 삶을 향해, 조금씩 선을 그어 나갈 수 있다는걸 배웠다. 자신만의 시간을 나이테로 두른, 단단한 어른들의 나무 그늘은 넓고 깊었다. 그 골목에서 듣는 이야기로 나는 부단히 깨지고 깨쳤다. 내 삶이 조금씩 변화했다. 이야기의 힘이었다. 아이를 재우고 짧은 글이라도 썼다. 책을 더 읽었다. 내가 이어가고 싶은 삶의 선은 그곳에 있었다. 무심하게 재배치되었던 내 세계는, 그렇게 다시 제자리를 찾아가고 있었다.

후배는 앞이 안 보인다고 했지만, 나는 그가 걱정하는 삶의 고비를 먼저 겪었던 이들이 생각났다. 그들이 했던 선택과 고민, 그리고 힘차게 뻗어나가고 있는 일의 궤적들이 떠올랐다. 그때 알게 되었다. 내가 골목에서 이야기를 들었던 건 행운이었구나. 우리 사회에는 개인의 작고 소소한 경험들이 너무 안 알려져 있구

나. 특히 여성의 일과 관련해서는 더욱 그렇다. 나는 후배에게 대기업 최초 여성 사장처럼 신문에 크게 날 만큼 대단하거나, 유리천장 같은 것을 다 깨부수고 성공한 위인전에 나올 법한 거대 스토리 말고, 얼핏 평범하지만 분명히 특별한, 같은 버스를 타고 출퇴근할 법한 여성들의 서사를 들려주고 싶었다. 저 하늘의 별 같은 멘토를 보여주는 것이 아닌, 우리가 딛고 서 있는 땅 위에서, 다른 일을 통해 다른 삶을 열어가는 여성들의 이야기를 참고 문헌처럼 들려주고 싶었다.

물론, 한계도 있다. 내가 인터뷰한 여성들은 (굳이 분류하자면) 중산층이다. 이들은 모두 대학 졸업 이상의 학력에, 어느 정도 경제적 기반이 있다. 부자는 아니지만, 당장 생계 걱정을 할 정도로 어려운 처지는 아니라는 뜻이다. 따라서 누군가에는 이들의 절박함이나 선택이 다르게 읽힐 수도 있다. 하지만 이는 각기 다른 개인의 이야기를 듣고 기록하는 인터뷰 글쓰기의 본질적 한계이기도 하다. 내가 생각하기에 이 벽을 뛰어넘는 방법은 단 하나, 더욱더 인터뷰이에게 깊이 들어가 개별적 특성을 자세히 글로 드러내는 것이다. 이것이 인터뷰 글쓰기의 근본적 한계를 뛰어넘을 수 있는 거의 유일하고 강력한 방법이라고 생각한다. 그래야만 각 인물의 사회구조적 배경을 지우고 오직 개인의 역량만을 강조한 소위 자기계발서식의 글쓰기를 지양할 수 있다고 믿는다. 물론 이 책에서 그 시도가 완벽히 성공했다고 자신할 수 없다. 그럼에도 뻔뻔하게 여기까지 왔다. 그 한계보다 평범하게 특별한 서사의 효용성이 더 크다고 믿기 때문이다.

또 다른 한계는 나의 개인적인 역량에 있다. 나는 평범하고도 비범한 여성들의 이야기를 단순히 듣고, 기록하기만 한다면 큰 의미가 없다고 생각했다. 모든 글은 결국 개인의 관점과 해석이지만, 더 깊이 들어가고 싶었다. 욕심을 부렸다. 인터뷰이의 언어를 더욱 내밀히 듣고 해석하며, 내 이야기까지 함께 엮어 나갔다. 결과적으로 이 책은 인터뷰글과 에세이 사이 그 어딘가에 머문다. 그러다 보니, 모든 인터뷰와 글 작업이 그렇지만 특히 더 문장과 문장을 잇기가 쉽지 않았다. 인터뷰이의 진심을 곡해하고 있진 않을지, 제대로 된 해석과 재현일지 매번 망설였다. 그럴 때 방법은 하나뿐이었다. 다시 녹취록을 펼쳤다. 관련 자료를 찾고, 책을 읽었다. 다시 썼다. 그리고 고치고 또 고쳤다. 이 작업을 (내 느낌상) 무한반복 했다. 어떤 날은 그래도 괜찮다 싶다가도, 어떤 날은 너무 절망스러워서 다 지워버리고 싶었다. 그런 좌절과 정신 승리의 나날이 쌓여 지금에 이르렀다. 그렇다. 참 구구절절 쓰고 있지만 짧게 정리하면, 인터뷰 에세이를 표방한 이 책의 한계는 분명하고, 만약 부족한 점이 있다면 (당연하게도) 다 나의 탓이라는 것이다.

고백하자면, 나는 처음부터 이 한계를 알고 있었다. 그럼에도 나는 여성들을 만났다. 이야기를 들었고, 곱씹었고, 웃고 울며 노트북을 두드렸다. 그들의 삶과 나의 삶을 글로 엮었다. 이제 그 조각들을 세상에 내어놓는다. 자신 있어서가 아니다. 대니 샤피로의 문장**에 기대어 한 발 내디뎠고, 하재영의 글***을 붙잡으며 길을 찾았다. 그렇게 다시 시작하고, 불가능한 시도를 했다. 한계를 받아들였다. 그리고 희망한다. 만약 이 작은 책이 누군가에게 소박한 응원이라도 될 수 있다면, 가느다란 선이라도 이어 갈 마음을 일으킨다면 그걸로 충분하다고. 고개를 든다. 용기를 낸다.

이 책은 내게 이야기를 들려준 열한 명의 여성들에게 오롯이 빚지고 있다. 그들은 누구보다 진솔하게 자신과 일 사이의 복합적인 감정을 들려주었다. 새로운 일을 찾아 나서거나, 시작하는 과정에서 겪은 기쁨과 슬픔을 나눠주었다. '일'에서 출발한 이야기가 '삶'을 빚어냈다. 그들과 마주 앉아 연결되어 있던 짧은 시간 전

** "우리는 더 낫게 실패한다. 우리는 자세를 바로잡고, 자기 자신을 추스르고, 다시 시작한다." 대니 샤피로 『계속 쓰기 : 나의 단어로』 (마티, 2022), p15

*** "글쓰기의 본질은 불가능을 '실현'하는 일이 아니라 '시도'하는 일이라 믿는다." 하재영 『나는 결코 어머니가 없었다』 (휴머니스트, 2023), p10

후로, 나는 달라졌다. 마음이 든든해졌다. 과거, 현재, 미래의 내가 동시에 그 시간을 통과했다. 앞이 안 보인다는 후배를 생각하며 이 작업을 시작했지만, 결국 가장 먼저 구원을 받은 건 나였다. 그러나 구원은 영원이 아니라 순간이다. 찰나처럼 스쳐 지나간다. 다시 방황하고, 길을 잃을지도 모른다. 하지만 괜찮다. 한 번이라도 선을 그어본 경험이 있으니까.

어떤 이유로든 이 책을 펼친 당신에게도 그런 구원의 순간이 찾아오길 바란다. 힘차게 자기만의 선을 이어 나갈 용기를, 스스로를 응원하는 힘을 키울 수 있다면 그것만으로도 충분하다. 그렇게 언젠가, 어디선가 ―설령 우리가 인지하지 못하더라도― 우리의 선이 맞닿을 수 있기를, 연결될 수 있기를 바란다.

1부. 선 긋기

익숙한 일터에서

길을 잃었다고 느낄 때

동굴
우리 모두에게 필요한 안전지대

김지영

AI의 물결 속, 우리는 모두 나만의 고유한 작품을 만드는 작가가 되는 시대입니다.
교사에서 책방지기에서 저도 어느덧 작가가 되었고, 이를 기점으로 새로운 삶들이 덧붙여지지 않을까 생각합니다.
내 안의 본질적인 욕망을 추구하는 사람들과 함께 하기를 좋아합니다.
날마다 우아하게 미치고, 날마다 고요하게 신나기를 바랍니다.

교사에서 책을 매개로 하는 N잡러가 된 지영

단독주택을 나와 야트막한 산을 넘는다. 아이들의 말랑하고 따뜻한 손을 잡고, 느리게 자박거리며 걷는다. 낙엽이 바삭거리며 자연으로 돌아간다. 단단하게 뭉친 지영의 몸과 마음이 조금씩 풀린다. 흙길이 끝나고 도로가 시작되는 지점, 자신도 모르게 누가 부른 것처럼 반대편으로 시선을 돌렸다. 가을 햇빛에 반짝이는 낙엽의 춤을 보다, 문득 낡은 상가에 눈길이 갔다. 매일 그 길을 오갔지만, 눈여겨 본 적 없던 건물이었다. 2층 창문에 임대라고 붙어 있었다.

'그래. 여기구나. 내가 찾던 동굴이. 여기라면 내가 숨 쉴 수 있겠다.'

지영은 생각했다. 그렇게 지영은 자신만의 동굴을 찾아냈다.

두 달 뒤, 지영은 교사를 그만두고, 작은 동네 서점을 열었다.

동굴은 지영과의 인터뷰에서 가장 많이 나왔던 단어. 지영은 자신의 책방을 동굴이라고 불렀다. 실제로 책방은 환하기보다는 아늑했고, 동사라기보다는 명사였다. 〈노란별빛책방〉이라는 이름과도 잘 어울렸다. 문을 열고 들어가면, 작은 전면 책장이 보였다. 그곳에는 지영의 취향이 깃든 책들이 배치되어 있었다. 책은 그때그때 조금씩 달라졌지만, 굳건히 같은 자리를 지키고 있는 책이 있었다. 묵묵히 자신의 길을 걸어온 한 남자의 일생을 다룬 존 윌리엄스의 소설 『스토너』였다. '책방지기의 인생 책, 추천'이라는 문구가 붙어 있었다. 『스토너』는 지영이 잠 못 들던 밤, 그의 곁을 지켜줬던 책이었다. 울고 싶던 밤, 마음껏 울게 해 준 책이었다.

"당시 병가 중이었어요. 위하수라고 위가 아래로 처지는 병이었어요. 가슴을 큰 돌덩어리가 누르는 느낌이 들었어요. 잘 먹지도 못하고, 소화도 못 시키고, 너무 피곤하고 졸린데 잘 수가 없어요. 꼬박 앉아서 생으로 밤을 새우는 거예요. 그 죽음 같은 시간을 견디게 해준 책이었어요. 어느 날 밤 『스토너』를 읽다가 꺽꺽 울었어요. 식구들은 아무도 깨지 않았지만, 그래도 괜찮았어요. 책이 나를 위로해 주고 공감해 주었거든요."

스토너는 생을 떠나기 직전의 마지막 순간 '넌 무엇을 기대했니?'라고 스스로에게 묻는다. 지영은 천천히 밝아오는 창을 보며 같은 질문을 자신에게 던졌다. 그리고 생각했다. 다시 학교로 돌아가고 싶지 않다고.

지영은 2005년부터 지리 선생님으로 일했다. 경기도에서 단 7명만 뽑는 임용고시 차석이었다. 대표로 교단 앞에 나가 선서도 했다. 벅차올랐다. 학교에서 아이들을 만나자, 감정이 더욱 깊어졌다. 아이들이 그렇게 예쁘고 좋을 수가 없었다. 방학에도 수업 계획을 세우며, 개학을 기다렸다. 천직이라 믿었다.

아이 둘을 연달아 낳고도 육아 휴직을 3년만 쓴 것도 그래서다. 내 아이도 좋았지만, 빨리 학교로 돌아가고 싶었다. 교실로 돌아가 아이들과 함께 시간을 보내고 싶었다. 그들과 나누는 것은 단지 지식만이 아니었다. 제자들은 자신들에게 마음을 주는 선생님을 정확하게 알아봤다. 지영과 아이들은 서로에게 기대 성장하는 나무 같았다. 순한 바람이 교실로 불어 들어오던 시절이었다.

그러나 어느 날부터 바람의 색이 달라졌다. 육아 휴직에서 돌아온 이듬해였다. 믿었던 동료에게 어이없는 모함을 당했다. 무책임한 그는 자기 일을 지영에게 떠넘기고, 뒤에서 근거 없는 이야기를 만들어냈다. 사방에서 날카로운 말의 가시가 날아와 지영을 찔렀다. 아침이 오면 한숨부터 나왔다. 교사 생활 십여 년 만에 처음 겪는 일이었다. 출근길의 온도가 달라졌다. 교문을 들어서기 전, 크게 심호흡해야 했다. 억울했다. 왜 자신이 이런 일을 겪어야 하는지 이해할 수 없었다. 교무실에 들어서면 날 선 눈빛과 수군거림이 느껴졌다. 공정하다고 믿었던 학교의 다른 모습이 보였다. 따뜻하고 굳건했던 그의 세계가 서서히 무너지고 있었다.

"저는 학교와 학생을 위해서라면 뭐든 다 하는 선생이었어요. 그런데 어이없는 소문이 퍼지면서 저를 보는 다른 선생님의 눈빛도 달라지는 게 느껴졌죠. 콩깍지가 벗겨진 거죠. 학교가 완전히 달라 보였어요."

교사는 안정적인 직업의 대명사로 여겨진다. 특히 여성에게 더 그렇다.* 육아 휴직과 정년 보장이 쉽지 않은 우리 사회에서 교사는 '다 가진 직업'으로 보인다. 당연히 진입 장벽도 높다. 지영은 고등학교 3년 내내 1등을 놓치지 않았고, 임용고시라는 어려운

---

* 이는 본질적으로 사회구조적으로 발생한 젠더 차별에 기인한다. 이 책은 개인에게 초점을 둔 인터뷰 에세이인 만큼 이에 대한 논의를 이어 나가지 않는다. 이와 관련해서는 다양한 책들에서 다루고 있으니 함께 읽어도 좋겠다.

시험을 거쳐 교사 자격을 획득했다. 차석 합격 소식을 들었던 그날을 떠올릴 때, 그의 눈빛은 여전히 반짝였다. 길고 고된 시간이었기에, 그 기쁨은 더욱 크고 찬란했다.

그러나 이 모든 과정을 거쳐 얻은 '안정'이란 것에 대해 우리가 쉽게 놓치는 부분이 있다. 안정의 주체가 누구인가 하는 것이다. 교직이라는 시스템 자체는 안정적일지 모른다. 그러나 각 개인에게는 (당연하게도) 아닐 수 있다. 물론, 이는 교사에게만 해당하는 이야기가 아니다. 일을 하는 우리 모두의 이야기다. 개인은 전체의 축소판이 아니기 때문이다.

일터에서 어떤 시간을 보내느냐에 따라, 많은 것이 달라진다. 삶의 토대를 이루는 중요한 조건이다. 그곳에서 우리는 하루의 대부분을 보내고, 나를 표현하고, 성장한다. 그러나 누구나 언제든지 오랫동안 자신을 지탱해 왔던 지지대가 무너질 수 있다. 중요한 것은 바로 감각이다. 나를 살리는 감각. 끝내 침몰하지 않으려면 무엇보다 자신의 목소리를 듣는 게 중요하다.

지영은 책을 통해 자신의 목소리를 들었다. 시작은 선배 선생님이 건넨, 문유석 판사의 『개인주의자 선언』이었다. 빨려 들어가듯 읽었다. 스스로가 왜 이렇게 힘들었는지 답을 찾은 기분이었다. 지영에게 학교는 단순한 직장이 아니었다. 삶 그 자체였다. 그러던 중, 갑자기 누군가가 그 삶의 한 귀퉁이를 무너뜨렸다. 갈라진 틈 사이로 보지 못했던 것이 보였다. 권위적인 학교 시스템, 무례한 동료들, 성적에 짓눌려 아파하는 아이들….

낯선 감정이 몰려와 지영을 덮쳤다. 지영은 살기 위해, 학교 도서관으로 달려갔다. 제목만 보고 십여 권의 책을 골랐다. 쉬는 시간이면 책 속으로 도망쳤다. 3개월 동안 127권을 읽었다. 하지만 근본적인 해결책은 아니었다. 워쇼스키 자매의 영화 〈매트릭스〉에 나오는 것처럼, 진실의 '빨간약'을 먹은 지영은 이제 그 이전으로 되돌아갈 수 없었다.

하루하루를 간신히 버티던 어느 날, 시험 감독을 하던 지영은 더 이상 교실의 답답한 공기를 견딜 수 없었다. 말로 표현되지 못한 속내가 눈으로 새어 나왔다. 감정이 고여 발밑이 자꾸만 뭉근해졌다. 견딜 수 없어 교장실로 뛰어갔다. 더는 버틸 자신이 없었다.

"교장 선생님께 울면서 말했어요. 너무 힘들다고 병가를 내고 싶다고…. 당시 저는 죽을 만큼 고통스럽고 힘들었어요. 그래도 겉으로 보기에 상처가 있다거나, 피를 흘리거나 하는 게 아니었으니까…, 당신이 보기에는 안 힘들어 보였나 봐요. 교장선생님이 제 이야기를 듣더니, 마지막에 이렇게 말씀하시더라고요. '안 힘든 사람이 어디 있어요? 죽으려면 여기서 죽으세요.'"

지영에게 이 이야기를 듣던 날이 기억난다. 몇 년 전 일이었지만, 그 시간은 여전히 움푹 패 있었다. 서서히 마르고 있지만, 아직 그날의 먹먹함이 감정의 바닥에 남아 있었다. 지영에게는 아무것도 할 수 없었던 그날의 감정이 아직 선명하다. 당시 그를 앞에 두고, 교장은 이런 말도 했다. '프로 정신을 발휘하라, 선생으로서 역할을 다해라. 지금 얼마나 중요한 시험인데 이렇게 행동하냐?' 충고의 탈을 쓴 폭력이었다. 넘치기 직전까지 차 있던 지영의 마음에 던져진 돌이었다. 간신히 버티고 있던 마음의 둑이 무너졌다. 천직이라고 생각했던 교사직을 떠나기로 결심했다.

'안정'적인 직업인 교사를 그만두겠다고 했을 때, 많은 사람들이 의아해하며 말렸다. 그러나 지영은 떠나야 했다. 그 무엇 때문이 아니라, 바로 그들이 말하는 '안정' 때문이었다. 그 누구도 지영의 '안정'과 '안녕'을 묻지 않았다. 사람들은 사회가 정한 조건만을 이야기했다. 다행히 지영에게는 자신을 돌보는 감각이 있었다.

타인의 시선이나 외부 기준이 아니라, 자신의 본질을 바라볼 줄 아는 눈이 그에겐 있었다. 그 감각을 따라, 지영은 마침내 자신만의 동굴을 찾아냈다.

"책만 보고 싶었어요. 양가 부모, 친구, 이웃, 동료 등 모든 관계를 다 끊고 동굴 같은 책방을 만들었어요. 살고 싶은 욕망과 무모함과 무지함으로 책방을 열 수 있었죠."

책방을 열었지만, 한동안은 아무도 오지 않았다. 괜찮았다. 그러다 조금씩 소문이 퍼져 소소하게 사람들이 왔다. 함께 책을 읽고, 나누는 시간이 귀했다. 하지만 지영은 무리하고 싶지 않았다. 지원 사업을 신청하지도 않았다. 지친 자신을 돌보는 것이 우선이었다. 책방을 연 지 9개월쯤 되었을 때 코로나19 팬더믹이 전 세계를 덮쳤다. 책방 문을 3개월간 닫았다, 다시 돌아오니 한산함을 넘어 적막감이 감돌았다. 그때 시작하게 된 것이 〈온라인 읽고 쓰기〉 프로그램이었다. 매일 주제를 정해, 함께 낭독하고, 읽고, 썼다. 그렇게 쓴 글을 모아 『날마다 미친년』(2023)을 독립 출판했다. 책으로 할 수 있는 일은 모두 한 지영은 미련 없이 책방을 닫았다.

지영은 지금도 하고 싶은 게 많은 사람이다. 흙을 만지며 식물을 가꾸는 것도 좋아하고, 사람들과 책을 읽고 낭독하는 것도 즐긴다. 어떻게 하면 건강하게 살아갈 수 있을지 늘 고민하며, 전공을 살려 지리와 관련된 일도 언젠가는 해보고 싶다. 책방을 닫은 후에는 『날마다 브라보』(2024)를 쓰며 또 한 권의 책을 세상에 내놓기도 했다. 현재(2025년 2월 기준) 그는 무려 웹 소설 작가 군단에 합류해 소설을 쓰고 있다. 그의 넓고 유연한 움직임은 언제나 흥미롭다. 몇 년 후 지영은 또 어떤 일을 하고 있을까. 웹 소설가로 자리를 잡았을 수도 있고, 전혀 다른 영역에서 새로운 시도를 하고 있을 수도 있다. 무엇을 하든, 지영은 그 일에 몰입하며 나아가고 있을 것이다. 지영의 삶은 언제나 현재진행형일 테니까.

지영과 인터뷰하고 돌아오는 길. 오래전 내가 기댔던 나의 동굴이 떠올랐다. 스물일곱, 갑자기 메인 작가가 되어 매일 20분씩 5일간 방송되는 다큐멘터리를 만들게 되었다. 5주에 한 번씩 돌아오는 방송 주간이 되면 나는 집에도 못 가고, 씻지도 못한 채, 편집실, 녹음실, 숙직실을 귀신처럼 떠돌았다. 뭐랄까…. 그때의 나는 외계인에게 납치당한 포로 같은 기분이었다. 벗어날 수도, 도망칠 수도 없었다. 시간은 방송 전과 후로 나뉘어서 뭉텅뭉텅

흘러갔다. 애쓰고 또 애썼지만, 원고 위로 자괴감이 덕지덕지 붙었다. 방송 시간은 말쑥한 얼굴로 '난 몰라'라는 듯 어김없이 다가왔고, 나는 너덜너덜해진 마음으로 최종 원고를 내밀었다. 모든 게 어설펐다. 풋내기 작가였으니까, 당연했다. 그러나 그때는 그 사실조차 몰랐다. 방송으로 나의 미숙함을 다시 보는 일은, 상상 이상의 곤혹이었다. 그랬다. 방송작가라는 일은 구조적으로도, 심리적으로도 그 어디에도 안정감이라고는 없었다. 지독하게 외로운 작업이라는 걸 그때 뼈저리게 느꼈다. 휘청거리던 나는 새벽의 작가실로 숨어들었다. 작고 외진 그곳은 동굴처럼 좁고 어두웠다. 엉겨 붙은 머리 위로 푹, 모자를 눌러썼다. 노트북을 펼쳐 [우울할 때 듣는 음악]을 찾아 들었다. 책상 위에 엎드려 졸다 깨다 멍하게 있다 보면, 작은 창으로 새벽이 스몄다. 빈 책상 위, 다른 작가들이 남기고 간 흔적들이 보였다. 엑스가 쳐진 원고들, 심이 다 닳아버린 연필, 커피 자국이 남은 머그잔. 나는 그 잔상을 보며 조금씩 몸을 일으켰다. 이상하게 그 자잘한 흔적들이 위로가 됐다. 조금 있으면 언니들이 어제를 뒤로 하고, 새날을 맞으러 이 작가실로 들어올 것이다. 엑스가 쳐진 원고를 다시 고치고, 몽땅 연필을 깎고, 컵을 씻어 커피를 내리며 다시 하루를 시작할 것이다. 세상은 여전히 무자비하지만, 어쩌면 괜찮을지도 모른다는 생각이 들었다. 흔들리며 균형을 잡아 온 선배들이 있었으니까. 그 든든함이 내게 스몄다. 휘청였지만 외롭지 않았다.

지영에게, 나에게, 그리고 우리에게, '동굴'은 단지 물리적 공간만을 의미하지는 않는다. 이때의 '동굴'이란 단순히 과거가 회복되는 장소일 뿐만 아니라 미래를 잉태하는 장소, 새로운 땅이 솟아오르는 '흙의 자궁'**이다. 살다 보면 누구나 예외 없이 갑자기 발밑이 뭉근해지거나, 모자를 푹 눌러쓰고 울고 싶은 날을 마주하게 된다. 그럴 때는 누구에게나 자기만의 동굴이 필요하다. 그곳에서 책을 읽고, 닳아버린 몽땅 연필처럼 누군가 애쓴 흔적을 발견하며 숨을 고른다. 문득, 이 책이 지금 당신에게 그런 동굴처럼 포근한 쉼이 되면 좋겠다는 생각이 든다. 괜찮다고. 다 잘 지나갈 테니, 네 동굴에서 쉬고 싶은 만큼 푹 쉬어도 된다고. 지금 하고 있는 일이 너의 전부를 말해주는 건 아니라고. 먼저 동굴에 머물러 본 사람으로서 꼭 말해주고 싶다.

** 샌드라 길버트·수전구바 『다락방의 미친 여자』 (북하우스, 2022), p228

모래시계

다른 세계로 쌓이는 한 줌의 시간

김새섬

직장 생활을 정리하고 우리 사회에 좀 더 이바지할 수 있는 일을 고민하다가 2022년 9월, 느슨한 연대를 표방하는 온라인 북클럽 플랫폼 '그믐'을 열었다. 책을 매개로 사람과 사람을 잇다 보면 밀도 높은 변화가 가능하다고 믿는다. 혼자서는 독서가 어렵다고 느끼는 사람, 함께 읽는 재미를 경험하고 싶은 사람에게 기꺼이 손을 내민다.

외국계 기업 팀장에서
독서공동체 〈그믐〉의 대표가 된 새섬

가만히 누워있기.

제주 한 달 살기를 하는 동안, 새섬이 가장 오래 한 일이었다. 제주의 날씨는 지루함을 몰랐다. 창문을 때리던 비의 흔적 위로, 언제 그랬냐는 듯 빛이 담겨 무지개를 새겼다. 성난 돌풍이 무성한 가지를 꺾어 놓고는, 이내 아기 숨소리처럼 잠잠해졌다. 그 변화무쌍함을 가만히 누워 지켜보던 새섬은 생각했다.

'평생 처음이네. 이렇게 한가로이 시간을 보내는 게…'

다중우주를 주요 모티브로 하는 영화 〈에브리씽 에브리웨어 올 앳 원스〉(다니엘 콴·다니엘 샤이너트 감독, 2022)에서는 다른 세계로 가기 위해, 개연성이 없는 생뚱맞은 행동을 해야 한다. 영화 속 인물들은 양쪽 신발을 바꿔 신고, 벽을 핥고, 미워하는 사람에게 사랑을 고백하고, 립밤을 먹는다. 엉뚱하고 아무런 효율도 없을 뿐 아니라 기괴하기까지 한 이런 행동들이 다른 세계로 가는 발사대다. '그' 세계의 나와 '이' 세계의 나는 전혀 다른 사람이다. 그러나 이렇게 한번 점프하고 나면 지금의 나에게도 다른 세계의 능력이 탑재된다. 유쾌하고 황당한 이 설정은, 내가 보기에는 현실에 대한 진지한 비유다. 일상의 루틴을 벗어나 전혀 다른 관점에서 자신을 바라보거나 새로운 도전을 할 때, 사람은 달라진다. 다른 능력이 생긴다. 새섬이 가만히 누워 하염없이 창밖을 바라본 것도 다른 세계로 점프하기 위한 일종의 워밍업은 아니었을까.

새섬은 평생 시간을 계획하고 쪼개며 살았다. 책을 좋아하는 이유도 분명했다. 시간 대비 효율이 높기 때문이다. 공대 진학, 호주 유학, 이어진 회계학 공부까지. 모두 자신의 가치를 높일 수 있다는 전략적 판단에서 비롯된 선택이었다. 그 판단은 적중했다. 새섬은 귀국 후 외국계 기업 재무팀에서 15년간 근무하며 숫자로 자신을 증명했다. 주말에도 토익 점수를 관리하고, 자격증을 따며 언제든 더 좋은 회사로 이직할 준비를 했다. 새섬의 목표는 분명했다. 돈을 잘 벌고 싶었고, 실제로 점점 더 잘 벌었다. 그렇게 그는 차근차근 조금 더 높은 곳을 향해 올라섰다.

"저는 의미 없이 살 수 없는 사람이거든요. 제 인생의 의미는 돈이었어요. 연봉을 더 받으면 제가 가치 있는 사람인 거고, 인정받은 거예요. 열심히 살았고, 나름 승승장구했어요. 그러다 40대 초반, 이직했는데 제 예상과는 너무 달랐어요. 밤을 새우며 노력했지만 결국 도망치듯 퇴사했어요. 스스로에 대한 실망감이 너무 큰 거예요. '내가 헛똑똑이였나? 왜 좋은 직장을 그냥 때려치웠지? 다시 일할 수 있을까?' 같은 자책이 밀려왔고, 무기력해졌죠. 결정적으로 제가 지금껏 인생의 의미라고 생각했던 돈이 그렇게 의미 있지 않은 거예요. 삶의 목표, 의미가 사라진 거죠.

저는 모든 삶에 각자의 힘듦이 있다고 생각하거든요. 사람은 고통이 힘든 게 아니라, 그 고통이 의미 없음에 좌절한다고 생각해요. 제가 딱 그때 그걸 느꼈어요. 의미 없음. 좌표를 잃고, 평생 처음으로 우울증이 찾아왔죠."

새섬은 차갑고 맑은 약수를 방금 마신 듯 개운한 얼굴로 '지금껏 내 인생의 의미는 돈이었다'라고 했다. 사실상 많은 이들이 돈을 추구한다. 그러나 실제로 그렇게 발화하는 사람은 많지 않다. 게다가 이렇게 맑은 얼굴이라니. 여러모로 신선했다. 인터뷰 후반, 새섬과의 시간이 쌓이면서 알게 되었다. 새섬의 돈은 자본의 상징이라기보다 성장에 대한 욕구라는 것을. 자기의 일을 하면서 발전하고 성장할 때 느끼는 짜릿함이라는 걸. 그런 느낌이라면 나도 알고 있었다.

20대의 나는 다큐·시사 프로그램의 구성작가였다. 자료를 찾고, 분석하고 공부하는 일이 일상이었다. 늦게까지 관련 책을 읽고 신문과 잡지를 뒤졌다. 전문가 자문을 듣고 논문을 읽었다. 방송 준비 기간은 짧았고, 과정은 고되었으나 즐거운 고통이었다. 애써 정리한 내용의 반의반의 반도 화면에 담을 수 없었지만 상관없었다. 방송 여부와 무관하게 나의 세계가 넓어졌고, 성장하고 있다고 느꼈다. 무엇보다 그렇게 만들어진 프로그램들이 (비록 시청률은 낮지만) 사회를 더 나은 방향으로 이끄는 데 기여하고 있다고 믿었다. 그 믿음이 나에게 자부심을 주었다.

그러던 어느 날, 비정규직 문제를 다룬 프로그램을 제작하고 있을 때였다. 사무실에 앉아 노트북을 들여다보고 있는데 갑자기 예고도 없이 풀썩, 불현듯 주위가 낯설게 느껴졌다. 눈을 들었다. 지나가는 사람을 봤다. 그제야 보였다. 그 층을 오가는 사람들 대다수가 비정규직이었다. 게다가 나는 그 범주에조차 들지 않는 일용직이었다. 그 순간, 마음속에서 무언가 또렷하게 켜졌다.

노트북 화면 속 자료들, 인터뷰이의 말이 담긴 녹취록, 거기 적힌 '올바른' 문장들이 순간 빛을 잃었다. 마음 한 귀퉁이가 쿠키 조각처럼 바스러졌다.

방송에서 아무리 지당한 말씀을 늘어놓아도, 내가 딛고 있는 현실은 전혀 그렇지 않았다. 내가 감내해 온 시간이 사실은 '의미 없는 공염불, 눈 가리고 아웅'이라는 자각이 뒤통수를 때렸다. 새섬의 표현 그대로, 나도 그때 '고통의 의미 없음'의 세계의 문턱을 넘은 것이다. 그러나 20대, 낮은 연봉, 사회적 약자였던 나는 재빨리 발을 뺐다. 머리를 세차게 흔들며 생각을 털었다. 눈을 내리깔았다. 자각하고 싶지 않았다. 다시, 노트북을 바라봤다. 타자기를 두드렸다. 표면적으로 달라진 건 없었다. 현실의 구조는 단단했고, 방송은 바로 코앞이었다. 그러나 그때 부서진 작은 마음 조각은 사라지지 않았다. 어딘가 다른 우주에 웅크리고 있다, 훗날 나를 찾아왔다.

제주의 자연이 주는 위로가 조금씩 새섬을 일으킨 어느 날. 새섬은 숙소 바로 앞 카페로 들어섰다. 침실 창 너머로 본 그곳은 찾는 이가 많지 않아 보였다. 그래서일까. 주위에 다른 건물 없이 홀로 서 있는 카페의 모양새가 생경하게 쓸쓸했다.

카페 사장님은 새섬을 반겼다. 그러고는 대뜸 말했다. "저 잠깐 밥 좀 먹고 올 테니까, 가게 좀 봐주세요." 오랜 단골손님이라도 만난 듯 스스럼없었다. 정작 당황한 건 새섬이었다. 초면의 사장님이 사라진 문을 보며 새섬의 머릿속이 뒤엉켰다.

'아니, 내가 누군 줄 알고 가게를 덜컥 맡기는 거야. 현금은 없나. 내가 가져가면 어쩌려고, 아니지. 요즘 세상에 현금은 없겠지. 그래도 집기는 있잖아. 보통 이런 거 비싸지 않나. 누가 오면 어쩌나? 나는 커피도 내릴 줄 모르는데. 아니 저 사장님은 나에게 왜…'

고장 난 전동 킥보드처럼 폭주하던 새섬의 생각이 멈춘 건, 카운터를 지나 안으로 꺾어 들어갔을 때였다. 그곳에 거짓말처럼 바다가 펼쳐져 있었다. 어쩌면 당연했다. 여기는 제주였고, 새섬이 매일 가로로 누워있던 시간 속에도 바다는 보였으니까. 그러나 기대하지 않던 장소에서 갑자기 만난 바다는 색달랐다. 내음도, 파도 소리도, 물빛도 어제와 같지 않았다. 순간 멍해졌다. 휩몰아치던 생각이 멈췄다. 피식, 웃음이 나왔다. 마음이 오붓해졌다. 한 시간가량 카페를 지키는 동안, 찾아온 건 (다행인지 불행인지) 길고양이뿐이었다. 새섬은 처음 보는 자신을 낯설어하지 않는 고양이 발소리를 들으며, 자신이 다른 세계로 건너왔음을 자각했다.

"카페 구석에서 바다를 보는데, 이상한 마음이 일렁였어요. 저는 전형적인 삶을 살아왔거든요. 제가 아는 상식은 가게 사장은 절대 가게를 비워서는 안 되고요. 고양이가 막 들락날락하게 둬서도 당연히 안 돼요. 게다가 카페 바다 뷰가 이렇게 멋지잖아요? 당연히 카페 앞에다가 대문짝만하게 홍보해야 하죠. 그렇게 최소 시간에 최대 매출을 올리기 위해 노력해야 하고, 그게 프로라고 생각했어요.

근데 여기 전혀 다르게 살고 있는 사람과 공간이 있잖아요. 저처럼 처음 보는 낯선 사람에게 카페를 턱 맡기고 가버리고, 길고양이가 제집처럼 드나들고, 이 카페에 무심히 들어온 사람이 선물처럼 발견할 수 있는 바다가 홍보 없이 그냥 있고…. 이런 공간과 철학을 가지고 살 수도 있구나. 그때 생각했죠. 전 세계 사람들이 돈이나 효율 같은 가치가 가장 중요하다고 생각해도, 그렇지 않은 사람도 있을 수 있겠구나. 다른 세계가 있네. 그러고 보면, 왜 그렇게 살면 안 되지? 그런 생각들이 꼬리를 물었죠."

영화 〈에브리씽 에브리웨어 올 앳 원스〉에는 베이글이 주요 상징으로 나온다. '0'의 모양으로 속이 뻥 뚫린 베이글은 좌절과 아픔, 허무주의를 상징한다. 악의 화신이 된 딸은 베이글 위에 '자신의 꿈과 희망'을 포함해 모든 걸 올려놓는다. 검은 베이글은 이를 잘게 부숴 블랙홀처럼 빨아들인다. 다 사라진다. 모든 게 다 부질없는 것이 된다. 허무의 블랙홀은 끝내 그 존재마저 집어삼키려 한다. 영화 속에서 그 거대한 소용돌이를 막는 건, 스스로가 소중하다고 여기는 '한 줌의 시간'이다.

새섬이 그날 카페 구석에서 발견한 것도 '한 줌의 시간'이었다. 파도 소리, 고양이의 작은 발소리, 아무도 오지 않던 공간의 느슨한 여유. 그런 것들로 채워진 사소한 시간이 그에게 스몄다. 충만함이 말없이 다가와, 새섬 옆에 친구처럼 앉았다.

이후 슬렁슬렁 산책하는 시간이 늘었다. 새섬의 발자국 위로 그동안 쌓아 온 한 줌의 시간이 문득문득 찾아왔다. 그 시간 사이를 걷다 새섬은 불현듯 깨달았다. 지금까지 자신이 어렵거나 힘들거나 심심했던 모든 순간, 그러니까 이 세계를 벗어나 다른 세계로 가고 싶은 순간에는 책이 있었다는걸. 그는 책을 발사대로 다른 세계로 '점프'하며 살아왔다는걸.

좁고 낡은 집에서 『소공녀』를 읽으며 다른 세계를 그렸던 어린 소녀. 도서관에서 『어느 고쿠라 일기 전』을 읽으며 일상의 의미를 탐색하고 고뇌하던 대학생. 호주에서 존 그리샴의 원서를 읽으며 영어 공부를 하던 강단 있는 유학생. 코로나 시절 독서 모임에서 억지로 읽었던 책 한 권에 감동하며 말랑해졌던 직장인. 이 모든 '읽은 시절'의 합이 지금의 새섬을 만들었다.

"저는 이상과 현실이 공존하는 사람이에요. 인생의 의미가 있어야 하지만, 동시에 현실적으로 이를 삶에서 잘 활용해야 해요. 이런 게 뭐가 있을까 생각했는데, 정말 딱, '책'이었어요. 제주에서 돌아올 때 막연하지만 책과 관련된 일을 하겠다고 결심했죠. 좋은 책을 고르는 방법은 좋은 삶을 살아가는 방법과 비슷하다고 생각해요. 위인들이나 잘나가는 사람들이 방향을 제시해 줘도 각자의 삶은 모두 다르니까, 실패와 시련을 겪을 수밖에 없죠. 그 속에서 조금씩 나라는 사람에 대한 답을 찾아가는 여정이 곧 삶이 아닐까요? 근데 제가 이렇게 사랑하고, 중요하다고 생각하는 책이 힘을 잃어가고 있더라고요. 독서 인구 통계를 보면 일 년에 우리나라 성인 10명 중 6명은 책을 한 권도 안 읽어요. 왜? 너무 안타깝죠. 책만큼 재미있고, 의미 있고, 이만한 게 없는데! 방법이 없을까 고민했죠. 그 고민 끝에 나온 게 〈온라인 독서 모임 플랫폼 '그믐'〉(이하 〈그믐〉)이었어요."

여러 사람이 직접 온라인에 북클럽을 열 수 있는 플랫폼 운영은 다분히 실험적인 시도˚였다. 숏폼이 지배적인 온라인에서 롱폼인 책이라니. 우려의 시선도 많았다. 그러나 새섬은 실패해도 괜찮다고 생각했다. 거창하지만 '구원'이라는 단어가 떠올랐다. 그를 무의미의 블랙홀에서 구해 준 것처럼, 단 세 명에게라도 그런 플랫폼이 된다면 만족할 것 같았다.

플랫폼의 이름은 〈그믐〉으로 정했다. 책 읽는 사람들이 점점 사라지는 시대다. 새벽이 오기 직전, 잠깐 떴다 사라지는 달인 그믐처럼 보기 힘들다. 그러나 그믐의 시간을 통과하면, 세상은 밝아온다. 환해진다. "우리가 사라지면 암흑이 찾아온다." 다소 비장하게 느껴지게 하는 〈그믐〉의 독특한 슬로건은 이런 새섬의 진심을 담았다.

---

* 새섬의 배우자는 장강명 작가다. 새섬이 처음 책 관련 일을 하겠다고 했을 때, 출판사 창업을 생각한 사람이 많았다. 장강명 작가의 인세만 생각하면 가장 효율적인 전략일 수도 있었다. 그러나 새섬은 단 한 순간도 출판업을 고민해 본 적이 없다. 자신은 전문가가 아니기 때문이다. 새섬은 자신의 남편이 최고의 편집자, 디자이너, 마케터를 만나 좋은 책을 세상에 내놓길 바란다. 동시에 그는 다른 형태로 책을 세상에 더 알리고 읽힐 방법을 고민한다. 그와 남편은 책을 사랑하는 동지로서 서로의 역할을 존중한다. 돕는다. 새섬은 이를 '장강명 작가와 자신이 서로에게 이용 가치가 있어서 감사하다'라고 표현했다. 가장 좋은 친구이자, 가치관이 같은 동지인 두 부부는 그렇게 서로를 '기쁘게 이용한다'. 아래는 새섬의 인터뷰 중 일부다.

"처음 그믐을 시작할 때 '그믐, 김새섬, 장강명' 셋 중 가장 잘 알려진 건, 당연히 장강명 작가죠. 그래서 처음에는 장강명 작가 보이스를 빌려서 홍보를 많이 했어요. 마케팅 효과가 가장 크니까요. 너무 좋죠. 적극 이용했어요. 장강명 작가도 저를 직간접적으로 자신의 책에 가져다 쓰잖아요. 서로가 좋은 방향으로 이용할 수 있다는 것, 서로에게 이용 가치가 있다는 것. 얼마나 감사한가요!"

방송국 한복판에서 내가 만드는 방송과 내가 서있는 현실 사이의 극명한 모순을 자각했을 때 표면적으로 달라진 것은 없었다. 그러나 마음속에서 부서진 조각을 버리지 못했다. 품었다. 일은 여전히 쳇바퀴처럼 굴러갔지만, 내 방식의 답을 찾고 싶었다. 아니, 찾아야 했다. 비정규직 인터뷰 모음집인 『부서진 미래 세계화 시대 비정규직 사람들 이야기』(삶이 보이는 창, 2006)에 참여하게 된 것도 그 과정의 일부였다. 밤새 마감을 끝내고, 눕고 싶은 나를 일으켜 졸린 눈을 비비며 인터뷰이를 만나러 갔다. 긴 이야기를 나누고, 밤새 녹취록을 풀었다. 그 사이 다음 마감은 코앞에 와 있었다. 잠을 줄여가며 괴발개발 썼다. 그때 쓴 글을 생각하면 지금도 얼굴이 붉어진다. 생각은 얕고 표현은 평면적이다. 부끄럽다. 함께 작업하신 분들이 훌륭해서 가능했던 작업이었다. 그래도 후회는 없다. 새섬처럼 '암흑이 찾아올 것'이란 비장함까지는 없었지만, 적어도 이 부조리하고 이상한 세계를 기록해야겠다는 나름의 사명감이 있었다. 그랬다. 돈 받고 하는 방송국 일이 아니라, 돈 안 받고 하는 비정규직 인터뷰가 내게는 '한 줌의 시간'이었다. 그래서 누가 시키지도 않는 일을 애써서 한 그때의 내가, 나는 참 예쁘다.

그 시도가 있었기에 나는 몇 년 후, 골목으로 '점프'해, 할머니,

할아버지 이야기를 듣고 쓰는 골목 인터뷰를 할 수 있었다. 한 줌의 시간을 통해, 다른 우주와 연결되었다. 덕분에 베이글 구멍처럼 생긴 블랙홀에 가루처럼 부서져 빨려 들어가는 대신, 다채로운 우주에서 유영할 수 있었다. 잃어버린 줄 알았던 작은 조각이 다른 가능성이 되어 나를 채우고, 또 다른 나를 만들어주었다.

〈그믐〉은 이 글을 쓰는 현재(2025년 2월 기준) 1만 4,000여 명의 회원을 보유하고, 총 2,000여 개의 독서 모임이 열린 국내에서 가장 활발한 온라인 독서 모임 플랫폼이다. 그러나 새섬이 그보다 고무적으로 보고 있는 건, 이 모임의 90% 이상이 자발적으로 만들어졌다는 것이다. 최초 기획처럼 책을 좋아하는 이들의 즐거운 놀이터가 됐다는 방증이다. 예상 못 한 성과도 있다. 새섬은 독자들을 생각하며 〈그믐〉을 열었지만, 이 플랫폼에 더욱 열광한 건 출판사와 작가들이었다. 자신의 책을 읽고, 느끼고, 나눠주는 (보기 힘든) 진지한 독자들이 이곳에 가득하기 때문이다.

"처음에는 〈그믐〉을 다른 사람에게 설명하기가 어려웠어요. 처음 시도되는 것들이 너무 많으니까요. 우선, '좋아요'를 도입하지 않았어요. 다수의 지지를 받는 의견만이 읽히는 시스템, 의

견의 우열을 만들고 싶지 않았거든요. 또 다른 특징은 29일 안에 끝난다는 것. 흔히 독서 커뮤니티는 계속 연속되잖아요. 그러다 보면 친밀도가 쌓이고, 소위 '고인물, 친목질' 같은 문제가 발생하기 쉽죠. 그래서 오로지 책 이야기만을 중심으로 이야기가 지속될 수 있게 설계했어요. 매달 음력 29일에는 행사를 한다는 것도 중요한 특징이에요. 형식이나 내용, 장소 등은 아무것도 정해져 있지 않아요. 그때그때 달라요. 중요한 건 특정 연령대나 특정 지역에 사는 사람에게만 편중되지 않는 것. 그래서 지금까지 모인 공간만 보면, 온오프라인, 지방, 숲, 바다, 도시, 동네 책방 등 아주 다양해요. 그리고 무엇보다 중요한 것. 모임이 끝나도 내용은 사라지지 않아요. 독서 모임을 아카이빙으로 남겨서 언제든 누구라도 와서 읽을 수 있게 기록하죠. 책을 읽으면 했던 활동, 나눈 이야기가 남아 있으면 다른 독자에게도 도움이 되니까요. 기획할 때 팀원들이 반대한 부분도 있었지만, 제가 밀어붙였어요. 제 의미는 거기 있었거든요. 물론 수익을 내는 것 중요하고, 수익을 더 내기 위해 노력할 겁니다. 그렇지만 저는 그에 앞서 이런 특성들을 꼭 살리고 싶었어요. 그래야 독자가 사랑하고, 참여하는 사람도 만족하는 플랫폼이 될 테니까요."

새섬과의 약속 장소로 가기 위해 지하철을 탔다. 내 손에는 좋아하는 작가의 신작 에세이가 들려있었다. 애틋한 문장에 흔들리다, 문득 고개를 들었다. 지하철이 지상으로 올라와, 창문이 환했다. 앞에는 후광을 두른 듯, 한 사람이 앉아 있었다. 고개를 푹 숙인 그의 시선 끝에는 한강 작가의 『소년이 온다』가 있었다. 그의 미간에 잡힌 주름을 보며, 나도 모르게 따라 찡그렸다. 몇 년 전 『소년이 온다』를 읽던 저녁의 눅눅한 공기가 되살아나, 훅 나를 덮쳤다. 그때였다. 찰나의 순간, 스쳐 지나갈 타인일 뿐인 그에게 강한 내적 친밀감을 느꼈다. 우리를 연결해 주는 건 단 하나 '책'이었다.

그는 곧 내렸고, 지하철은 다시 지하로 내려갔다. 창밖은 다시 암흑에 잠겼다. 그렇지만, 나는 마음 한편이 든든했다. 그는 어딘가에서 계속 읽을 것이고, 나도 그럴 것이다. 우리는 아마 다시는 못 보겠지만 괜찮다. 서로의 존재를 알았으니까. 새벽에 잠깐 떴다 사라지는 달처럼 잘 안 보일 수도 있지만 분명히 존재한다. 세상에는 수많은 읽는 우리가 있다. 새섬이 〈그믐〉을 통해 만나고 싶은 우주는 이런 모습이 아닐까.

'새섬'이란 그의 이름은 제주에서 머물던 시간에서 파생했다. 새섬의 눈에 담겼던 건 제주의 계절이나 카페만이 아니었다. 끝없이 펼쳐진 바다 위에 오종종하게 놓인 4개의 작은 섬도 있었다.

그 섬들에게는 고유한 이름이 있었다. 문섬, 섶섬, 범섬, 새섬. 그 섬 중 오로지 새섬만이 육지와 연결되어 있었다. 아직 새섬이 아니었던 과거의 그는, 날이 좋으면 그곳을 천천히 걸으며 시간을 보냈다. 말랑했던 종아리가 단단해졌다. 발끝에 힘이 차올랐다. 마음속 작은 얼룩들이 파도에 조금씩 씻겨나갔다. 당장 큰 변화는 없었다. 새섬이 〈그믐〉을 열게 된 건 그 제주의 시간으로부터 일 년도 훨씬 지나서다. 그럼에도 그 시간은 사라지지 않았다. 모래시계처럼 새섬의 다른 쪽에 차곡차곡 담겼다.

나는 지금의 새섬을 보며, 같지만 다른 그때의 그를 느낀다. 연결된다.

새로운 일을 하며, 다른 삶을 살아가는 여성의 이야기를 듣고 쓰고 싶다고 생각했을 때, 내가 생각한 건 그때와 지금이 명확히 나뉘는 환골탈태의 성공담이 아니었다. 지금과 그때가 연결된, 그때도 흔들리고 지금도 흔들리지만, 그럼에도 매일 아주 작은 변화를 만들어가는 여성들의 이야기였다. 진짜 변화는 아주 소소한 하루하루가 모여 만들어지는 거니까.

새섬에게 〈그믐〉은 최종 목표가 아니다. 10년 후 그가 어떤 모습으로 무슨 일을 하고 있을지는 아무도 모른다. 하지만 하나는 분명하다. 무엇을 하든, 어떤 자리에 있든 그의 일이, 그의 하루하루를 더 의미 있게 만들 것이라는 것. 그 시간이 쌓여 언젠가는 자신을, 혹은 또 다른 누군가를 살며시 구원하리라는 것이다. 물론 살아가다 보면 다시 파도가 칠 수도 있다. 흔들릴 수도 있다. 그래도 괜찮다. 어느 순간 암흑이 찾아오려 한다면 새섬은 조용히, 자기만의 리듬으로 모래시계의 방향을 돌릴 것이다. 그렇게 차곡차곡 쌓아온 시간이, 또 다른 가능성의 풍경을 그려낼 것이다.

2부. 선 넘기

한 끗 차이
그 어마어마한 차이

비누
사라지고 사라지지 않는 것들

김미경

바쁜 직장 생활로 건강이 무너진 경험을 계기로 친환경적인 삶에 관심을 갖고 직접 화장품과 비누를 만들기 시작했다. 이를 바탕으로 친환경 연구 공간 '살림하우스'를 열어 제로웨이스트와 친환경 가치를 나누고, 조향을 통해 마음의 치유를 시도하고 있다.
한 남편의 아내이자 두 아이의 엄마로서 삶의 균형과 가족의 행복을 중시하며, 더 나은 내일을 위해 끊임없이 배우고 실천하며 따뜻한 변화를 전하고자 노력하고 있다.

사무직 직원에서
친환경 제품을 만들고 연구하고 알리는 미경

편집실을 나서다가 옆 팀 피디를 만났다. 그는 내 얼굴을 보고 흠칫 놀라며 물었다.

"무슨 일 있어요?"

'아니요. 없어요. 세상이 이렇게 엉망인데, 저는 아무 일 없어요. 그래서 비참하고 슬퍼요.'라고 말하고 싶었다. 그러나 가만히 고개만 저었다. 희미한 웃음이 어색하게 입술에 걸렸다. 고작 한 시간 남짓이었다. 편집실 모니터를 통해 간접적으로 현장을 본 것이. 방송에서는 모자이크되거나 편집되는 것들이 적나라하게 보였다. 결코 활자화될 수 없는 화면 속 감정들이 나를 둘러쌌다. 피부 속에 박혔다. 오소소 소름이 돋았다. 따가웠다. 머리가 아팠다. 화장실 거울에 비친 퀭한 얼굴을 보니, 왜 아프냐고 물었는지 알 수 있었다. 그랬다. 곧 다시 4월이었고, 나는 계속되는 참사 관련 방송을 준비 중이었다. 간접적으로, 그것도 그리 길지 않은 시간 동안 봤을 뿐인데도 내 몸이 반응했다. 어지러웠다. 마음이 자꾸 흩어졌다.

미경은 일복이 많았다. 비교적 출퇴근이 명확한 대학교 근무에서조차 작업이 많은 부서로 배치되었다. 교내 전산시스템이 새롭게 구축될 때는 근 한 달간 쉬는 날 없이 새벽까지 잔업을 했다. 생체리듬이 무너진 그때부터였을까? 몸은 우리에게 생각보다 많은 이야기를 한다. 늘어난 일의 무게만큼 미경의 몸도 삐걱거리기 시작했다. 미경은 처음에는 그 경고를 대수롭지 않게 여겼다. 힘들어도 일이 즐거웠고, 잘 해내고 싶었다. 한 무역회사에서 해외 영업을 할 때는 특히 그랬다. 일본어 전공을 살려 일하니 더 신났다. 전망도 밝았다. 그러다 결국 몸이 비명을 질렀다. 조금씩 안 좋아지기 시작하더니, 건강이 회복될 기미가 보이지 않았다. 2년 가까이 매일 같이 하혈했다. 몸과 얼굴에는 건선(아토피 피부병)이 오돌오돌 번졌다. 우울한 마음도 함께 번졌다. 병원에 다니고 독한 약을 먹어도 낫질 않았다. 줄곧 준비해 온 임신도 되지 않았다. 급기야는 쓰러져 병원까지 가게 되었다. 더는 버틸 수 없었다.

회사를 그만두고 집에 눕던 날, 마음도 몸도 한참을 꾹 눌린 베개처럼 힘없이 꺼져 있었다. 지쳤다. 그런 미경을 오랫동안 옆에서 지켜봐 온 남편이 뜻밖의 제안을 했다.

"남편 전공이 화학이거든요. 제 몸이 계속 안 좋으니까. 일상에서 쓰는 화학제품에 문제가 있을 수 있다고 하더라고요. 면 생리대 이야기를 했어요. 그것부터 써보자고. 근데 전 그때까지 면 생리대의 존재도 몰랐거든요. 천연 제품 같은 데 전혀 관심이 없었고, 주위에서 쓰는 걸 본 적도 없으니까…. '뭐? 빨아서 쓴다고?' 하면서 못 쓰겠다고 했어요. 상상이 안 되는 거예요. 근데 남편이 자기가 해주겠다고. 물에 담가두기만 하라고 하더라고요. 그리고 진짜 빨아줬어요. 너무 고맙죠. 조금 지나서는 제가 미안해서 직접 했는데(웃음), 정말로 생리통이 흔적도 없이 사라지는 거예요. 극적인 변화가 정말 신기하고 놀라웠죠."

목이 마른 동물이 샘을 찾듯, 본능적으로 움직였다. 면 생리대 보급 운동을 하는 '피자매 연대'에 가고, 수유너머+연구소의 달팽이 공방을 통해 환경에 관심 있는 사람들과 어울리며 생각을 넓혀갔다. 비누, 커피, 쿠키 같은 일상의 물건들부터 하나씩 직접 만들어갔다. 생협에서 환경 운동모임을 만들고, 도시 농업도 배우기 시작했다. 담담하고 담백하고 자연스러운 것들이 미경의 일상으로 흘러들어왔다. 삶의 색채가 달라졌다.

완전히 새로운 세상에 눈뜬 미경에게는 그전에는 보이지 않던 것들이 보였다. 자신을 아프게 한 것들이 욕실, 주방, 냉장고, 화장대에 가득했다. 화학 성분으로 만들어진 제품들을 하나씩 꺼냈다. 샴푸, 주방 세제, 스킨, 로션, 세정 용품뿐 아니라 각종 조미료, 소금, 설탕 같은 정제된 식재료까지 양이 어마어마했다. 미경은 커다란 쓰레기봉투에 그 물건들을 모두 담아, 생활에서 내보냈다.

그때부터 화장품과 비누를 직접 만들어 쓰기 시작했다. 식재료도 직접 키웠다. 미경은 텃밭이나 마당은 없었지만, 대신 다른 게 있었다. 계단이었다. 낡은 주택의 많은 계단은 일반적으로 단점이다. 그러나 미경에게는 반대였다. 계단마다 상자 텃밭을 놓았다. 매일 아침, 가장 먼저 그곳으로 달려갔다. 층마다 놓인 상자 텃밭에는 색도 향도 맛도 다른 식물들이 저마다의 빛을 뽐내며 소복이 자라났다. 흙과 풀 냄새가 미경을 보듬었다. 화학비료 대신 지렁이 똥을 비료로 줬다. 어제와는 다른 오늘이 거기 있었다. 햇빛을 먹고, 바람을 안고, 시간을 덮고 그들은 자라났다. 미경도 함께 자랐다.

미경은 자신이 보고, 듣고, 느끼게 된 새로운 세상을 이웃에게도 전하고 싶었다. 그래서 상자 텃밭도 나누고, 지렁이도 분양했다. 천연화장품과 천연 비누도 함께 만들고 나눴다. 그 과정에서 관련 자격증도 땄다. 주기적으로 모여 제품도 만들고, 수업도 했다. 그렇게 물 흐르듯 자연스럽게 친환경 연구 공간인 '살림 하우스'를 열게 되었다.

"살림 하우스는 '살리다'라는 살림의 가치와 친환경적 가치 그리고 함께 살아가는 공동체적 가치를 모두 담은 저의 브랜드명이에요. 이렇게 이야기하면 거창한 것 같지만, 그런 건 아니었어요. 기록 차원에서 매일 사진을 찍고, 운영 중이던 인터넷 카페에 올렸어요. 남편 도시락, 현미 채식 메뉴, 면 생리대 사용기, 내가 만든 비누, 천연 화장품 이야기. 상자 텃밭, 지렁이 이야기… 이런 소소한 것들이요. 그러자 화장품을 같이 만들어 보고 싶다, 수업을 해 달라, 제품을 판매해 달라 이런 요청이 들어왔어요. 그래서 '살림 하우스'라는 이름을 내고, 함께 만들었죠. 학교나 환경 단체 등에서 강의 요청도 많이 들어와서 그런 것도 하고요. 그렇게 서서히 알려졌어요."

미경의 하루는 자신과 주변 문화를 바꿔 가는 일로 채워졌다. 불편하고 느린 방법이지만 소모적이지 않고, 상생하는 삶을 익혀 나갔다. 자신과 주변 사람들 생활의 결이 조금씩 달라지는 게 보였다. 보람과 자부심이 쌓였다.

그러나 때로는 마음이 무너지는 일도 있었다. 일상에서 천연 제품을 쓴다는 것은 단지 물건을 바꾸는 일만이 아닌, 근본적인 삶의 태도를 변화시켜야 하는 일이었기 때문이다. 무료로 나눠준 상자 텃밭이 쓰레기통으로 사용되는 걸 보기도 했고, 어렵게 키워 분양한 지렁이가 징그럽다며 산에 버리고 왔다는 이야기를 천연덕스럽게 하는 이도 있었다. 유난스럽고 까탈스러운 사람으로 보는 시선도 있었고, 뒷말도 심심치 않게 들렸다. 처음 이런 일을 겪었을 때는 잠을 못 이뤘다. 속상하고 안타깝고 허무했다. 여파가 며칠을 가기도 했다.

그러던 어느 날, 미경은 문득 깨달았다. 세상 모든 사람이 자신과 같은 가치를 지니고 살아갈 수는 없다. 그렇다면 미경이 할 일은 단 하나. 스스로 옳다고 믿는 삶을 흔들림 없이 살아가는 것이다.

"저는 단지 저 하나만 잘 사는 게 아니라, 주변 문화를 바꿔 가는 일을 하고 싶고 해야 한다고 생각하거든요. '살림'도 그런 의미를 담았고요. 그래서 이웃이 제 기대와는 다른 반응을 하면 마음이 무너졌어요. 불편하기도 했고. 그럴 때는 전 신앙이 있으니까 기도했죠. 그러다 알게 되었어요. 아, 내 욕심이었구나. 내 삶 이면의 큰 가치를 붙잡고 끊임없이 시도할 때, 이미 다른 삶이 시작된 거잖아요. 나는 내가 뭘 배워서 누군가에게 가르쳐야 한다고 생각했는데, 그게 아니었어요. 그냥 내가 배운 대로 살면 되는 사람이었어요. 그냥 내가 잘 실천하면 자연스럽게, 주위에 선한 영향력을 끼치게 될 테니까요."

'음악을 진지하게 연구하고 연주하면 그저 더 나은 음악가가 되는 것만이 아니라 더 나은 사람이 될 수 있다'고 한 피아니스트이자 훌륭한 선생인 시모어 번스타인의 말처럼, 미경도 그렇게 성장해 갔다. 그는 진지하게 천연 화장품과 비누를 연구하며 '더 나은 사람'이 되었다. 변화한 미경의 삶에 응답하듯, 오랫동안 기다려왔던 아이도 찾아왔다. 아이의 존재로 미경의 삶은 더 단단하고 분명하고 넓어졌다.

참사 자료 화면을 보다 어지러움이 몰려온 날, 화장실 거울

속 내 얼굴은 낯설었다. 충혈 된 눈, 심하게 접힌 미간 주름, 짙은 다크 서클. 잠시 본 화면이었지만, 그 영향은 예상보다 컸다. 화면 속 반복되는 시공간에 갇힌 듯한 사람들의 눈빛이 떠올랐다. 부끄러웠다. 고개를 숙였다. 세수했다. 그리고 생각했다. 나는 무력하고 약하다. 맞다. 그렇지만 지금 내가 여기서 할 수 있는 일이 있다. 나는 활동가도 아니고, 유족과 함께 삼보일배를 하며 전국을 다닐 수도 없고, 청와대 앞에 앉아 천막 시위를 할 수도 없다. 하지만 이건 할 수 있다. 지금 내가 할 수 있는 일을 제대로 해보자고 다짐했다.

나의 첫 직장은 홈쇼핑이었다. 그 회사는 당시 케이블 방송을 장악하던 '○○○ 3종 세트'로 유명했다. OTT가 없던 시절, 다양한 채널에서 홈쇼핑 광고가 쉴 새 없이 나왔고, 채널을 돌리다 보면 어디선가 항상 이 광고가 방송되고 있을 정도로 인기가 많았다. 얼핏 보기에는 큰 차이가 없어 보이지만, 알고 보면 라인, 계절, 성별 등에 따라 디테일이 달랐다. 회사는 자체 디자이너와 공장을 보유하며 생산 규모를 점차 확대했고, 주문량이 증가하자 광고 제작까지 직접 담당하게 되었다. 사업이 성장하면서 외부 브랜드 제품 광고도 적극적으로 받았다. 한 마디로 일이 넘쳐났다.

MD는 여러 명이었지만, 작가는 한 명뿐이었다. 나는 공장 돌리듯, 기계적으로 글을 썼다. 그 회사에서 일하는 동안 (정말 흔한 말이지만, 이렇게밖에 표현할 수 없다) 소설을 썼다면 여러 권을 완성했을 만큼 다채로운 경험을 했다. 주제를 어디에 두느냐에 따라 장르도 천차만별이다. 성장, 우정, 시사, 로맨스, 코미디, 스릴러, 호러. 심지어 범죄물(?)도 가능했다. 그 스펙터클한 일상에서 내가 가장 많이 한 일은 모니터 앞에 앉아, 제품을 만지고, MD가 준 '셀링 포인트'를 검토하며 원고를 쓰는 일이었다. 일의 목적은 단 하나 많이 파는 것. 재미, 교훈, 감동은 중요하지 않았다. 나는 회의를 하나 마칠 때마다 잘 녹는 비누처럼 서서히 닳아갔고, 겨우겨우 팔릴만한 문구를 생각하며 원고를 채웠다. 쫙쫙 잘 늘어나는 사방 스판 바지를 붙잡고 모니터 앞에 앉아 원고를 쓰는 날이 늘수록, 어깨에 매달린 하루의 무게가 점점 더 커졌다. 그렇게 일 년을 겨우 버텼다.

아무 계획 없이 유럽 여행 티켓만 끊고 사직서를 쓴 날, 책상 위에 놓인 '사방 스판 바지, 셀링 포인트'라는 제목의 문서를 바라보며 또렷하게 느꼈다. 아, 다르게 살고 싶다. 대놓고 상업적인 글, 오직 팔기 위한 문장이 아닌, 다른 글을 쓰고 싶었다. 백수가 되어 떠난 여행에서 돌아온 뒤, 평생 가장 훌륭한 방송국이라 생각한 EBS에 서브 작가 면접을 보았다.*

그곳에서 일하는 동안에도 여러 가지 어려움이 많았고, 늘 만족스러운 결과를 낸 것은 아니었다. 그러나 적어도 홈쇼핑에 있던 때와는 분명히 달랐다. 진지하게 기획했고, 좋은 프로그램을 만들어내고자 노력했다. 그 시간을 통과한 덕분에, 나는 아주 조금이나마 '더 나은 인간'이 되었다고 믿는다.

그러니까, 그날의 나도 그랬다. 젖은 얼굴에 붙은 휴지를 떼어내고, 다시 편집실로 돌아갔다. 고개를 들어 자료화면을 보고, 고개를 숙여 메모했다. 밑줄을 그었다. 전하고 싶은 말을 적었다. 아무리 해도 이 막막함을 제대로 못 전할 것 같아 두려웠지만, 그래도 하고 싶었다. 실패할 줄 알면서도 도전하고, 부족한 줄 알면서도 해내고 싶었다. 다른 누구도 아닌, 저 화면 속 사람들에게 누를 끼치고 싶지 않았다. 제대로 해내고 싶었다.

2020년 코로나19 팬더믹으로 세상이 얼어붙었다. 창업 지원을 받고 기대에 부풀어 있던 1년 전만 해도, 미경뿐 아니라 그 누

---

* 나는 어릴 때부터 EBS를 가장 좋은 방송국이라고 생각했다. 그곳에서 방영되는 다큐멘터리와 문화 프로그램들의 윤리관과 시청자를 대하는 태도를 사랑했기 때문이었다. 물론 막상 일을 해보니, 여러 가지 현실적인 문제도 있었다. 그럼에도 불구하고, 나는 여전히 EBS 프로그램들이 우리 사회를 향해 보여주는 태도를 지지한다.

구도 이런 상황을 예상하지 못했다. 2020년의 봄은 텅 빈 공방과 함께 왔다. 창업 지원금 덕에 인테리어 비용 등은 들지 않았지만, 월세나 운영비는 고스란히 미경의 몫이었다. 4월이었던 오픈 예정일을 7월로 미뤘다. 막막했다. 그러나 미경은 단단했다. 얼굴에서 빛이 났다. 그의 품에 오랫동안 기다려온 둘째가 안겨 있었다.

"결혼 전부터 남편과 저는 입양을 생각하고 있었어요. 근데 제 몸이 안 좋았으니까…. 시기를 봤죠. 그러다 몸이 좋아지면서 첫 아이가 자연 임신됐어요. 이후에도 입양에 대한 생각은 변함이 없어서, 입양 기관에 가서 상담했고 기다렸어요. 기관에서는 오래 걸릴 가능성이 높으니, 저보고 다른 일 하면서 기다리라고 하더라고요. 그때 창업 지원사업을 알게 되었어요. 그 전부터 오랫동안 집에서 소소하게 하고 있긴 했지만, 막상 월세를 내고 운영하는 공방을 하려고 하니 걱정도 되고 떨렸죠. 그래도 간절함이 더 컸던 것 같아요. 열심히 준비해서 도전했고, 감사하게도 지원 사업이 됐어요. 그렇게 공방을 준비할 때, 예정보다 일찍 둘째 아이가 새 가족이 되었어요. 아이를 업고 안고 가게를 보러 다니고, 인테리어 할 때 쫓아다니고 그랬어요. 그리고 오픈할 때쯤 코로나19가 시작됐죠. 정말 정신없었어요. 거리두기로 사람들이 아예 집 밖으로 못 나오던 시절에 딱 공방을 열게 된 거죠. 어린이집에 다니는 첫째 손잡고, 돌쟁이 둘째 아이 유아차에 태우고 가게로 오면 썰렁해요. 빈 공방에 그냥 왔다 갔다 했어요. 처음에는 눈물도 나고, 힘든 시기도 있었지만, 지나고 보니 감사한 시간이었어요. 정말 어떻게든 하면 가능하다는 걸 알게 해줬다고나 할까요."

텅 빈 공방에서는 아이들의 웃음소리가 더 크게 들렸다. 메아리처럼 퍼졌다. 경제적으로도 육체적으로도 힘든 상황임이 분명했는데, 이상하게 가슴이 벅찼다. 아이들을 보다, 기저귀를 갈다, 우유를 주다 느리게 작업하는 날도 많았다. 어렵게 잡힌 수업이 거리두기가 강화되어 취소되기도 했다. 그래도 미경은 괜찮았다. 아니, 오히려 다행이었다. 이제 막 걷기 시작한 아이가 미경 옆에 있었으니까. 아이의 스케줄이나 몸 상태에 따라 유동적으로 운영했다. 공동 양육자인 남편 역할도 컸다.

이듬해부터 둘째도 어린이집을 갔고, 거리두기도 조금씩 완화되어 갔다. 물론 여전히 힘들었고, 월세를 내기 빠듯할 때도 있었지만 상황은 나아지고 있었다. 미경은 덜 바쁜 틈을 타 미혼모 단체나 공동가정양육단체를 찾아 자원봉사를 했다. 아이의 반짝이는 눈을 볼 때, 말랑한 손을 잡을 때, 두 아이가 함께 웃는 모습을 볼 때 미경의 가슴에 쌓인 감사함을 돌려주고 싶었다.

창업 3년 차부터는 제품을 써 본 사람들 사이에서 입소문이 나면서 점점 더 수요가 많아졌다. 유명 사이트에도 입점했고, 판매량도 안정권에 들었다. 취미반은 물론이고 전문가 과정도 개설되었으며, 학교나 외부 단체특강, 창업 컨설팅까지 하게 되었다. 기업과 함께 제품을 연구·개발하면서 활동 반경도 한층 넓어졌다. 미경은 확장되는 일과 기회 속에서도, 중심을 지키고자 했다. 삶을 떠받치는 본질적인 것들—가족, 아이, 그리고 내가 애정을 쏟아온 이 작은 공간—을 놓치지 않으려 했다. 마치 중심을 향해 자연스럽게 회귀하는 힘처럼. 세상은 끊임없이 미경을 바깥으로 끌어당겼지만, 그는 언제나 삶의 중심으로 돌아왔다. 가장 소중한 것들이 있는 바로 그곳으로.

"제가 코로나19 때 창업하고, 아이들을 키우고 공방 운영하면서 느낀 게 있어요. 제 삶에 가장 중요한 건 돈도 아니고, 성공도 아니고, 명예도 아니구나. 삶의 균형이구나. 사실 공방 운영하시는 분들 보면 미혼이거나 아이가 없는 분이 많아요. 그런 분들은 굉장히 빨라요. 새로운 것도 많이 하고, 그들과 비교하면 난 너무 느리죠. 성에 안 차죠. 저도 그런 욕심이 들 때가 왜 없겠어요. 그런 마음으로 용쓰다가 집에 오잖아요. 그러면 집에 아이들이 있어요. 그때 제 마음속에 뭔가 탁, 오는 거죠. '이 아이들을 내가 방치하고, 돈 벌면 뭐 하나. 정작 중요한 걸 잃어버릴 텐데…' 란 생각이 드는 거예요. 이렇게 예쁜 아이들이 저희에게 왔다는 게, 그냥 너무 감사해요. 아이들이 자라는 속도가 빠르잖아요. 어제는 못 하던 것을 오늘 하는 걸 옆에서 지켜보면서 행복하다고 생각해요. 이렇게 삶의 균형을 맞춰가는 게 저에겐 너무 소중한 거죠."

피아니스트 시모어 번스타인은 에단 호크 감독의 다큐멘터리[**]에 출연했다. 촬영장에 들어선 그는 순간적으로 공황장애에 가깝게 긴장했다가, 바로 놀랄 만큼 차분해지는 경험을 한다. 번스타인은 담담한 목소리로 농담을 한 뒤, 의자에 앉아 건반에 손을 올렸다. 영화는 이때 그의 연주 장면을 단 한 번의 편집도 없이 오롯이 담아냈다. 보통 연주회 영상은 몇 번의 연주 장면을 촬영해, 편집하는 것이 관례다. 어떻게 그는 극도의 긴장 상태였던 현장에서, 단박에 편안해져 연주까지 훌륭히 마친 것일까? 며칠 뒤, 시모어 번스타인은 자신도 신기하게 여겼던 그 경험에 대한 결론

[**] 에단호크 감독 〈피아니스트 세이모어의 뉴욕 소네트〉 (2016)

을 내렸다. 그것은 바로, 사람은 '다른 누군가를 위해 뭔가를 할 때면 일시적으로 자신의 취약한 상태를 넘어설 수 있다'는 것이었다.*** 번스타인은 그날, 다른 누구도 아닌 단 한 사람, 에단 호크를 위해 연주했다. 유명한 배우나 감독이 아닌 무대 공포증으로 극심한 스트레스에 시달리고 있던 그의 친구, 에단 호크를 위해서.

시모어 번스타인만큼 유명하지는 않지만 (그래서 우리를 지켜보는 카메라도 없지만) 우리도, 일을 하다 그와 비슷한 경험을 한다. 남들은 모를 수도 있다. 그러나 나는 안다. 다른 사람을 향한 마음이 커지는 순간, 그 마음이 만들어내는 에너지가 얼마나 강력한지. 그 에너지가 삶의 방향을 완전히 바꿔놓을 수도 있다는 것을.

미경의 상황이 늘 좋았던 건 아니다. 그러나 어떤 상황에서도 진지하게 연구하고, 몰두했다. 그는 그렇게 어제보다 조금 더 나은 비누를 만들었고, 천연 향 가득한 향수를 제조했다. 그렇게 만든 제품을 생리대를 대신 빨아주던 남편과, 상자 텃밭을 함께 하던 이웃과, 그리고 무엇보다 아이들과 함께 나눴다. 그렇게 미경은 다른 일을 하며, 매일매일 더 나은 사람이 되었다.

*** 시모어 번스타인·앤드루 하비 『시모어 번스타인의 말』 (마음산책, 2017),p44~49

뚜껑

뒤집으면 다른 세상

임승희

작지만 따듯한 집에서 사랑하는 가족과 살고 있어요.
편하고 귀여운 옷을 좋아하고, 쫄깃한 식감을 가진 음식을 좋아합니다.
길을 잘 잃는 재능을 갖고 있지만, 다시 새 길을 찾아 나서는 산책이 취미랍니다. 삶을 긍정하는 법을 배워가고 있고, 배움은 창작을 할 수 있게 도와주었습니다. 여전히 하고 있는 사람으로 살아가길 꿈꿉니다.

사무직 · 방문 교사를 거쳐
업사이클링 아티스트가 된 승희

프린트 제조 회사 마케팅 부서의 말단 직원, 20대의 승희는 모니터 화면을 뚫어지게 바라본다. 신명조, 11포인트, 네모난 표, 지루한 문서는 예상을 빗나가지 않는다. 규격화된 틀 안에서 풀 죽은 활자와 숫자가 승희를 바라본다. 담당 대리는 그에게 평범함에 평범함을 더해 오라고 수정 사항을 지시했다. 반영은 쉽다. 그러나 승희는 문서를 쉽게 끝내지 못한다. 생각한다. 지시한 대로만 작업을 하는 것이 정말 자기 일인지 고민한다. 승희는 이 밋밋한 문서의 작성자가 자신이라는 것을 잊지 않는다. 생각 끝에 '지금, 여기'의 시점에서 문서를 천천히 다시 살펴본다. 내용은 살리되 자신만의 것을 덧붙일 방법을 고민한다. 문서 상단 메뉴에서 [입력], [문자표]를 차례로 클릭한다. ※가 좋을까, ★가 좋을까 고민하다 ※을 넣는다. 작은 변화지만 문서에 새로운 생기가 감돈다. 이제야 조금, 아주 조금 그 문서가 마음에 든다.

반면 일을 맡긴 대리의 표정은 황당하다. 이해하지 못한다. 지시한 그대로만 하면 되는 데, 왜 하지 않는가. 왜 시키지도 않은 일, 그러니까 ※을 굳이 넣었는가 하는 표정으로 승희를 바라본다. 반면 승희는 그의 반응이 당황스럽다. 왜 그대로 해야 하는가. 이 일은 분명 내가 한 '새로운' 작업인데 왜 '그의 뜻'만 반영시켜야 하는가. ※이 있어야 문서가 돋보이는 데, 그는 그것이 보이지 않는다는 말인가?

"시키는 대로 그대로 똑같이 해야 한다고 생각하면, 제 마음속에서 저항이 오는 거예요. 그건 내가 한 게 아닌 거잖아요. 지금 나는 1분 전의 내가 아닌데, 똑같이 하라고 하니까. 근데 제 직속 상관이 보기에는 말도 안 되는 소리였죠(웃음). 그래서 사회생활이 쉽지 않았어요. 다들 그게 맞다고 하고, 내가 아니라고 하니까. 나는 왜 이렇게 무능할까. 실패할까. 이런 생각을 했죠. 안개 속을 걷는 느낌이었어요."

상사와 승희의 세계는 작은 표시(※) 하나로 갈라진다. 책상

하나를 사이에 두고, 두 사람은 완전히 다른 시공간을 살고 있다. ※은 자신만의 독자적인 세계관을 가진 승희의 언어. 통역이 되지 않았다. 상사는 황당했고, 승희는 당황했다. 이런 일이 회사 생활 내내 주기적으로 반복되었다. 승희는 자연히 스스로에게 의문을 품게 되었다. 의문이 거듭되자, 조금씩 상처가 생겼다.

승희는 몇 개의 회사를 거쳐, 방문 교사가 되었다. 자연스러운 과정이었다. 승희는 누군가에게 무엇을 가르치는 일이 즐거웠다. 전달해야 하는 객관적 사실이 있고, 이를 자신만의 방법으로 전달하고 표현하는 것이 흥미로웠다. 무엇보다 타인이나 회사가 정해주는 대로가 아닌, 자신만의 방법을 찾아가며 일할 수 있어 좋았다.

많은 성인은 하루의 가장 긴 시간을 각자의 노동을 하며 보낸다. 일하는 집단의 속성과 내가 맞지 않을 때, 필연적으로 자아가 쪼그라들 수밖에 없다. A는 내가 방송국에서 열심히 먹고 자며 일에만 매진하던 시절에 만난 서브 작가다. 당시 나는 시사 프로그램의 메인 작가였고, A는 기본적인 자료조사와 함께 한 주간의 이슈를 정리하고, 이를 바탕으로 A4 2~3페이지 정도의 짧은 꼭지 원고를 쓰는 일을 맡았다. 그의 경력이라면, 하룻저녁이면 해낼 일이었다. 게다가 A는 매우 성실했다. 언제 돌아봐도 그는 방송국 구석, 자신의 자리에 앉아 묵묵히 일하고 있었다. 일을 할 때만 쓰는 안경을 걸친 옆모습은 진지했다. 아주 중요한 연구에 매진 중인 박사처럼 보였다. 늦은 시간까지, 각종 프린트와 참고 도서들이 가득한 책상에 붙어 얼굴을 박고 있기도 했다. 그러나 놀랍게도, 그의 결과물은 (이런 표현밖에 쓸 수밖에 없을 정도로) 형편없었다. 처음에는 기다렸다. 그의 성실성은 익히 알고 있으니까. 각자의 속도가 있는 거니까. 무엇보다 갓 메인 작가가 된 나는, 서브 작가를 닦달하지 않는 멋진 리더로 팀을 잘 이끌고 싶었으니까. 그런데, 정말 기막히게도 그는 이후에도 전혀 나아지지 않았다. 아니, 오히려 더 이상해졌다. 몇 번의 마감을 어기던 그는, 급기야 단 한 줄도 써내지 못했다. 방송국에 들어 온 지가 언제인데, 왜 아직도 이런 간단한 원고에서 헤맬까. 아니 왜 한 줄조차 제대로 못 쓸까. 이해할 수 없었다. 보다 못해 참고하라고 초고를 줘 보았다. A의 원고를 본 나는 당황했다. 내가 A에게 기대한 것은 대단한 것이 아니었다. '당구장 표시'만큼이라도 달라진 원고였다. A의 생각이나 구성이나 내레이션이 들어가길 바랐다. 그러나 그는 내가 준 초고 그대로, 정말 충실히 정리만 해왔다. 당구장 표시조차 새로워진 것이 없는 그 원고를 보니 한숨이 절로 나왔다. 붉어진 얼굴로, 세상을 다 잃은 듯한 표정의 서브 작가가 눈앞에 있었지만, 내게 그를 위로할 여유는 없었다. 아니 사실은 원망의 마음이 더 컸다. 그가 해내지 못한 일을 수습하는 일은 내 몫이었고, 편집은 당장 내일이었다. 나는 긴 한숨을 쉬고, 굳은 얼굴로 A를 보지도 않고 퇴근하라고 했다. 그가 상처받을 걸 알았지만 (아니 솔직히 말하면 상처를 받으라고) 그렇게 했다. 그리고 돌아앉아, 노트북을 열었다. 그의 원고를 내가 쓰기 시작했다. 한 달 후, 그는 팀을 떠났다.

A가 객관적으로 능력이 부족한 사람이 아니었다. 실제로 그는 '원고 쓰기' 외에 다른 영역에서는 탁월한 능력을 발휘했다. 정보를 찾고 정리하는 능력이 뛰어나 자료조사를 맡기면 신뢰가 갔다. 영어 실력도 뛰어나 해외 자료도 척척 구해왔다. 그러나 그는 스스로 어떤 일이 잘 맞는지, 자신이 어떤 일을 할 때 '존재가 확장'되는지 모르고 있었다. 이는 마치 맞지 않은 신발을 신고 진창길을 걷는 것과 같다. 질퍽거리다 못해 제대로 서 있기도 힘들다. 조금만 걸어도 지친다. 엉거주춤 이러지도 저러지도 못하고 있는 그의 옆으로 누군가는 사뿐하게 걸어간다. 아마 그는 이 조건에 딱 맞는 신발(이 상황에서는 튼튼한 장화일 것이다)을 신고 있을 것이다. 가지도 머물지도 못하는 시간이 길어지면서, 그의 삶 위

로 진흙이 튄다. 승희는 그 진흙을 맞고 있는 대신 움직였다. 어떤 순간에도 자신에게 더 집중했다. 어디로 갈지, 어떻게 갈지 몰랐지만, 진흙 길에서 벗어나야 한다는 것만은 분명했다. 자신이 신고 있는 얇고 가벼운 캔버스화로 걸을 수 있는 새로운 길을 찾아 일단 발걸음을 뗐다.

물론 그렇다고 해서 승희가 걸어간 길이 탄탄대로였을 리는 없었다. 특히 둘째를 낳고, 육아를 전담하게 되면서 오르락내리락하는 것이 더 심해졌다. 매일 비슷한 일상을 어린아이 둘과 오롯이 보내는 일은 누구에게나 쉽지 않은 일이겠지만, 늘 새로운 것을 추구하고 표현하고 싶은 욕구가 큰 승희에게는 더 그랬다. 날이 거듭될수록 초대하지도 않은 손님인 우울함이 아파트 현관문을 두드렸다. 그러나 쉽게 문을 열어주지 않았다. 아이들에게 이 기분을 물려주지 않겠다는 의지가 강했기 때문이다. 대신 아이들과 자신이 가장 재미있게 잘할 수 있는 것을 했다. 바로 다양한 재료로 표현하기였다.

당시 다양한 엄마표 교육들이 유행했다. 승희는 그중 엄마표 미술 블로그들을 찾아봤다. 전공자도 아니고, 해 본 적도 없지만 가장 재미있게 보였기 때문이다. 곧 색종이, 크레파스, 물감 등이 거실 바닥을 점령했다. 아이들은 아이들답게 에너지가 넘쳤고,

늘 무엇을 하든 새로운 것을 추구하는 승희도 즐겼다. 문구점을 가는 날이면, 마치 명품 매장에라도 간 것처럼 가슴이 두근거렸다. 물감, 붓 하나하나를 만지고 살피며 황홀해했다.

그러던 어느 밤이었다. 문구점도 마트도 모두 문 닫은 늦은 시간이었지만, 아이들은 지치지 않았다. 여전히 무엇을 만들고 싶어 했다. 승희도 귀찮아하는 대신, 눈을 반짝였다. 보물찾기가 시작되었다. 집안 곳곳을 뒤졌다. 재활용을 위해 모아둔 박스에서 무궁무진한 재료들이 튀어나왔다. 그렇게 가까이 있었으나, 미처 보지 못했던 마법 상자가 열렸다. 자본주의 사회에서 무용함과 유용함을 구별하는 일은 어렵지 않다. 당장 효용가치가 있는 것들만이 유용하게 여겨진다. 반면 '버려진 택배 박스, 딸기를 담았던 스티로폼 상자, 다 먹은 음료수병, 고장 난 키보드' 등은 무용하다. 버려진다. 단 하나라고 규정된 쓸모가 사라졌기 때문이다. 그러나 누군가는 그걸 다른 눈으로 바라볼 줄 안다. 새로움을, 유용함을 발견한다. 딱딱한 문서에 '※' 하나라도 덧붙이지 않으면 참지 못했던 승희는 그렇게 버려진 것에서 가장 유용한 것들을 발견해 냈다.

변화는 아주 조금씩 찾아왔다. 온 가족*이 하루에 하나씩 새

---

* 승희는 가족들과 '개구쟁이창작놀이터'로 활동하고 있다. '개구쟁이 창작놀이터'는 일상

로움을 찾아냈다. 남편이 전자 회사 AS 센터에서 일하는 덕분에, 그곳에서 나온 색다른 부품들이 재료 상자에 하나씩 더해졌다. 아이들과의 끄적임이 쌓여 작품이 되었고, 다른 아이들도 함께 하게 되었다. 그 계기로 작은 도서관, 시립 도서관 등에서 전시하고 홍대 마켓에 나가 아이들 작품을 판매하는 기회도 얻었다. 재료 발굴과 강의, 그리고 전시 기획 등 다방면으로 활동했지만, 그때도 승희는 자신의 작품을 만들어 볼 생각은 하지 못했다. 그런데 어느 날, 전시를 보러 온 한 분이 물었다.

"작가님 작품은 없나요?"

그 짧고 단순한 물음이 승희에게는 새로운 세계를 여는 초대장이 되었다.

"저는 대학에서 경영학을 전공했어요. 살면서 미술을 한다거나, 창작을 할 거라는 생각을 해본 적도 없어요. 근데 아이들과 미술 놀이를 하다 관심이 생겼고, 전시도 하고 강의도 하고, 공부도 하면서 자연스럽게 시작하게 되었어요. 그래서 가끔 저에게 미술 전공자가 아닌데, 예술 활동을 하고 싶다고 물어보시는 분이 계세요. 그럴 때 저는 박수부터 쳐요. 너무 응원하고 싶거든

에서 버려지는 자원을 수집하고 관찰하여 자신만의 재미난 방법으로 이야기를 담는 패밀리아티스트다.

요. 그 마음을.

확실한 취향이 있고, 그걸 안다면 인생의 반 이상 성공했다고 생각해요. 자기가 뭘 좋아하고, 잘하는지 모르는 사람도 정말 많잖아요. 저는 봉준호 감독이 아카데미 시상식에서 인용했던 말 '가장 개인적인 것이 가장 창의적인 것이다.'라는 말에 깊이 공감해요. 자신에게 집중해서 그 취향에 의지하고, 능력에 의지하는 것이 중요해요. 물론 그러기 위해서는 지속적으로 해 나가야 하죠. 절대적으로 많은 시간을 연습하고, 노력하는 것도 필요하고요."

승희는 마흔 무렵, 문화예술 교육사 과정을 시작했다. 2년 반 동안 용인과 서울을 오가며 미대와 교육대 전공 필수 과목들을 모두 수강했다. 쉽지 않았지만, 또 그만큼 즐거웠다. 이후 다양한 전시와 강연 등을 이어 나갔고 2023년에는 그림 작가로 『다시 태어난 지구』(북모아, 2023)를 출간했다. 이듬해에는 두 번째 그림책이자, 첫 단독 책인 『뚜껑 정원』(고잠, 2024)을 세상에 펴냈다. 유리창에 부딪혀 죽은 새를 우연히 마주한 경험과 야생조류 유리창 충돌 저감을 위한 스티커에 영감을 받아 버려진 플라스틱 뚜껑을 유리창에 붙였다. 뚜껑이 생명을 살리는 도구라는 것을 상징하기 위해 식물을 심었다. 그렇게 『뚜껑 정원』이 탄생했다. 긴 시간 무언가를 덮기 위해 존재했던 '뚜껑'이, 승희를 통해 전혀 다른 존재로 거듭났다. '뚜껑'은 이제 세상을 향해 열리는 새로운 창구가 되었다.

"누가 왜 이런 재료를 가지고 작업하냐고 물으면, 초기에는 '환경 문제에 관심이 있어서요.'라고 폼 잡고 대답하곤 했어요. 근데 사실은 처음부터 백 퍼센트 순수하게 그랬던 건 아니고요(웃음), 어디에나 있고, 재룟값이 들지 않고 구하기 쉬우니까…! 무엇보다 다듬어지지 않은 재료 속에서 나의 독특함을 만들어 낼 수 있으니까. 너무 매력적이죠. 그런데 참 신기한 게, 이 과정을 거듭 반복해서 하다 보니 이 작업이 결국 지구 생태계에 미약하나마 도움이 되는 거예요. 주위 환기와 생각 전환의 계기가 되기도 하고요. 그 덕에 이제는 저를 '별것 아닌 걸 가지고, 별것으로 만들어 내는 아티스트'라고 소개할 수 있게 되었어요. 정말 딱 좋은 표현 같아요."

야구장 외야석에서 혼자 맥주를 마시던 무라카미 하루키는 불현듯 '그렇지, 소설을 써보자'라고 결심했다. 소설가로서 야심이나 무엇을 쓸 것인가 하는 구체적인 이미지는 없었다. 그저 '지금이라면 나에게 의미 있는 이야기를 쓸 수 있을지도 모른다'는 예감뿐이었다. 그 길로 그는 원고용지 한 뭉치와 세일러 만년필을 샀고, 쓰고 또 썼다.** 무라카미 하루키는 당시 제법 잘 되는 재즈 클럽을 운영하고 있었지만, 그 무엇도 보장되지 않는 낯선 영역으로 미련 없이 걸어 들어갔다. 그렇게 그는 자신의 세계를 의미심장하게 드러내 주는 정조들을 놓치지 않았고, 스스로 존재를 확장해 갔다.

일이라는 것은 다양한 경로로 우리 삶에 들어온다. 단지 경제적인 도구만이라고 하기엔 일과 함께 보내는 시간이 절대적으로 길다. 삶에 지대한 영향을 미친다. 내가 어떤 일을 하며 살지를 지금 당장은 보이지 않을 수도 있다. 혹은 지금 내가 하는 일과 완전히 다른 분야의 일을 해보고 싶을 수도 있고, 여러 가지 이유로 일을 하지 못하는 상황일 수도 있다.

하루키처럼 외야석에 앉아 있다가, 승희처럼 아이들과 재활용 박스를 뒤지다가, 그렇게 다음 일이 올 수도 있다. 중요한 건, 그 순간이 언제 올지 모르니 조용히 울리는 마음의 떨림을 따라, 스스로를 움직여보는 것이다. 다른 사람에겐 그냥 스쳐 지나가는 것들이 유독 나를 붙잡는다면, 작게라도 시작해 보는 것도 좋다. 거창한 무엇을 하는 것이 아니라, 그냥 조금씩 그 일로 채워나

** 무라카미 하루키 『달리기를 말할 때 내가 하고 싶은 이야기』 (문학사상, 2024) p52~53

가는 것이다. 하루키가 꾸준히 빈 원고를 채우고, 승희가 매일 버려진 별것 아닌 것들로 별것을 만들어 냈듯, 그렇게 나만의 반짝이는 조각들을 하나씩 쌓아가 보는 것이다. 그곳에서, 어쩌면 진짜 나의 일이 시작될지도 모른다.

추신) A 서브 작가는 얼마 뒤 방송국보다 훨씬 더 좋은 대우를 받으며, 대기업에 취직했다. 그는 분명 그 회사에서 자신의 능력을 인정받으며, 아주 빛나는 사원이 되었으리라 믿어 의심치 않는다.

언덕
손잡고 함께 걷는 길

박소담

젖은 땅에 엎드려 뺨을 갖다 대보았다. 사랑하는 이름이 정말 그곳에 있나 하여. -상담실-이라고 적힌 문을 열고 의자에 앉으면 사람들은 친절하다. 편히 말해보라고 했다. 살아야 할 이유가 이 세상에 없다고 말했다. 그래서 살아 있다고 했다. 말 잃은 얼굴 뒤로 무심한 하늘을 기억한다. 빈 가슴처럼 흩어진 그 시간을 기억한다. 그 무렵부터였다. 떨어지는 것을 의식하면 기록한다. 슬픔이 아름다움이 되는 순간을 모은다. 바닥을 들여다보는 일이 내 몫이다. 어둠으로 깨끗함을 말할 수도 있다. 낮은 곳을 사랑한다. 거기 있으면 따뜻해진다. 눈 감으면 당신에게 닿는다고 믿는다.

교사에서 시인 · 화가 · 출판사 대표가 된 담

"괜찮니?"

아침 자습 시간, 담임이 갑자기 나를 복도로 불러 어색하게 물었다. 짧은 순간 고민했다. 뭐가 괜찮은지 묻는 걸까. 어제 맞은 엉덩이가? 아니면 복도 중앙에 붙은 전교 석차가? 그거라면 괜찮지 않았다. 그러나 애초에 학생들의 마음을 살필 정도면 저런 행위를 할 리가 없다. 그 정도의 눈치는 있었다. 대답 대신 얼굴 가득 물음표를 달고, 멀뚱멀뚱 담임을 쳐다봤다. 담임은 막상 나를 불러냈으나 할 말을 못 찾고 있었다. 갑자기 자기도 어렸을 때 어려운 일이 많았다며 힘내라는 이야기를 더듬더듬 맥락 없이 이어 갔다. 평소 욕하고 소리만 지르던 그였기에, 위로의 말을 건네는 담임은 배역을 잘못 맡은 신인 배우처럼 어색하기만 했다. 복도는

추웠고, 그는 고장 난 로봇처럼 삐걱거렸다. 슬며시 웃음이 났다. 온기가 돌았다. 추운 겨울 손난로를 손에 쥔 느낌이었다. 조금씩 감이 왔다. 어제 써낸 글쓰기 숙제를 읽었구나. 감추려 했지만 감춰지지 않던 마음을 읽고 나를 부른 거구나. 어색하고 서툴렀지만 담임의 진심이 전해졌다. 그 작은 관심으로 구겨졌던 마음이 조금씩 펴지고 있었다. 소담의 이야기를 듣다, 오래전 춥지만 훈훈했던 그 복도가 떠올랐다.

소담은 아이들을 향한 배려와 관심을 일상에서 아낌없이 쏟는 교사였다. 아이들도 그런 마음을 다 안다. 느낀다. 소담은 아이들과 다정한 마음을 주고받는 학교가 좋았다. 아침 일찍 학교에 오면, 텅 빈 복도에 소담의 발소리가 '탕탕' 울렸다. 고요한 공간을 채우는 맑은 울림소리에 마음이 들떴다. 어제를 딛고 오늘을 여는 공기는 신선했다. 조용한 교무실에 앉아 하루를 준비하는 시간은 귀했다. 비타민을 복용하듯 그 시간을 즐겼다.

소담은 중학교 1학년 담임이었다. 그러나 3월이 되어도 학교는 여전히 텅 비어 있었다. 코로나19 팬데믹이 전 세계를 덮쳤기 때문이다. 4월이 되어서야 겨우 아이들이 학교에 올 수 있었다. 첫 등교 날, 아이들의 책상 위에 환영의 장미를 놓았다. 마스크를 쓴 아이들의 눈이 서로를 향해 반짝였다. 소담은 이 교실이, 이 시간이, 이 아이들이 사랑스러웠다. 다정한 마음이 아이들을 향했고, 교실 너머 아이들의 삶이 보였다.

H는 처음부터 눈에 띄는 아이였다. H 주위로 동그랗게 햇살이 모였다. 똑똑하고, 세심하고, 밝은 아이. 아이들도 선생님도 H를 좋아했다. 그러나 어느 날부턴가 아이 위로 그림자가 드리웠다. 감추려 했지만, 감춰지지 않는 상처들이 소담의 눈에 보였다. 자퇴를 원한다는 말에 상담도 하고 양육자도 만났다. 여전히 코로나19로 거리두기가 한창이었다. 이런 상황에서 아이를 집으로 보내는 것이 내키지 않았다. 학교에라도 오는 게 아이를 위한 길이라고 생각했다.

그러던 어느 날 아침, 주차장에서 만난 학생부장 선생님 얼굴이 석고상처럼 굳어 있었다. 어젯밤, 소담이 맡고 있는 학년 아이에게 사고가 있었다고 했다. 가슴 위로 쿵, 무거운 돌이 떨어졌다. 휘청거렸다. 반사적으로 H가 떠올랐다. 교무실로 올라가는 짧은 시간 동안 H의 상처가, 눈물이, 주고받은 대화가 소담을 강하게 짓눌렀다. 어떻게 해야 할지. 무엇을 해야 할지. 아무 생각도 떠오르지 않았다. 몸이 얼어붙었다. 머릿속이 뒤엉켰다. 하얘졌다. 교무실을 향해 걷고 있지만, 어디로 가는지 어떻게 가는지 몰랐다. 평소에는 즐겼던 텅 빈 복도의 공명이 이제는 머릿속에서 쾅쾅 울렸다.

그 짧은 순간, 소담의 세상이 무너지고 있었다.

드르륵, 교무실 문이 열렸다.

찰나의 순간, 소담은 보았다.

고개를 푹 숙인 한 선생님. 1학년 옆 반 담임선생님이었다.

순간 상황 파악이 됐다. 사고는 옆 반에서 발생한 것이었다. 절벽 끝에 서 있다가 털썩 주저앉은 이의 마음이 이럴까. 소담은 자기도 모르게 순간적으로 '다행'이라는 단어를 떠올렸다. 0.01초 만에 그 말은 사라졌지만, 죄책감은 사라지지 않았다. 그 후로도 아주 오랫동안 이 단어를 떠올렸던 자신을 용서하지 못했다. 죄인이 된 기분으로 학교를 오고 갔다.

한 아이가 갑자기 사라졌다. 보이지 않는 큰 구멍이 뚫렸다. 틈 사이로 거센 바람이 불었다. 상처의 파편이 사방으로 튀었다. 소담은 그 바람으로부터 친구를 잃은 아이들을 지키고 싶었다. 아이들 눈빛과 마음을 살폈다. 힘들어하는 기색만 보여도 보듬고, 상담실로 보내며 최대한 품었다. 보호하고 싶었다. 아이들의 아픈 마음을 조심스레 감싸안고 싶었다. 구겨진 마음을 조금이라도 펴주고 싶었다. 소담의 수업 시간에 진행한 〈과학 상상 그리기 대회〉

에서 아이들은 '높이 떨어져도 살아나는 발명품'을 그려내며 그 마음에 화답했다. 소담은 아이들의 그림을 보며, 글썽였다. 아이들이 그려낸 마음이 감사하고 애틋했다.

동시에 H에 대한 마음도 더 단단해졌다. 어른이 아니라, 선생님이 아니라 H의 시선에서 생각했다. 보았다. 아이는 점점 작고 어두운 세상으로 말려 들어가고 있었다. 총천연색으로 반짝였던 아이의 삶이 언제부터인가 회색빛이었다. 하루하루 시들어 갔다. 아이는 신체적으로도 심리적으로도 아팠다. 소담은 선명하게 느꼈다. 이 아이는 학교를 안 다니는 게 아니라, 못 다니는 거구나. 복도를 걸으며, 세상이 무너지는 경험을 했던 소담은 다른 사람이 되어 있었다. 떠오른 생각은 하나뿐이었다.

'이 아이를 살려야 한다.'

아이가 학교를 나올 때 소담도 같이 나왔다. 지역의 〈학교밖청소년지원센터〉로 함께 갔다. 아이를 그곳에 혼자 보낼 수도, 가정에 홀로 둘 수도 없었다. 그렇게 소담은 아이와 나란히 '손잡고 이탈'을 했다.

손을 잡고
경계로

자꾸만 그 선으로

선으로

밖으로

발바닥을 간지럽히는 들판

가벼워지는 발등

위로

밖으로

손잡고 우리

살아지는 세상으로

- 「손잡고 이탈」 중 일부 (박소담 『손잡고 이탈』)

    나는 일렁이는 눈으로 담담히 말하는 소담의 이야기를 들으며, 소담의 시를 떠올렸다. 난로같이 따사로운 소담의 그림을 떠올렸다. 그 시와 그림이 있기 전의 시간, 소담의 교정도 상상했다. 아침의 조용한 복도도. H와 아이들이 재잘거리던 교실도. 아이의 손을 잡고 나갔을 운동장도. 오랫동안 꿈꿔온 장소를 미련 없이 떠나는 결연한 소담의 뒷모습까지. 그 모든 장면이 수채화처럼 번져와, 오래도록 마음을 적셨다.

소담은 어릴 때부터 교사가 꿈이었다. 사범대 졸업 후 아르바이트로 노량진 학원비를 벌었다. 누우면 머리와 발이 닿는 방에서 2년을 버텼다. 비유가 아니라 정말, '관' 같았다. 여기서 죽어도 아무도 모르겠다고 생각하며 잠들었다. 임용고시 1차에 합격하고, 2차를 준비하던 중 어머니가 아프셨다. 결국 소담은 기간제 교사가 되었다. 아쉬웠지만 슬프진 않았다. 꿈에 그리던 교사가 되었으니 만족했다. 공부도 포기하지도 않았다. 교사를 하면서도 꾸준히 임용고시를 준비했다.

그렇게 소담은 교사라는 사회적 신분과 고정된 수입이 생겼다. 사랑스러운 제자도 만났다. 그러나 그가 오랫동안 꿈꿔온 학교와는 달랐다. 아이들이 자신 혹은 타인을 아프게 하는 공간, 누군가의 불행 앞에서 '다행'을 떠올리게 하는 공간에서 소담은 빠르게 소진되어 갔다.

많은 사람이 일을 하다가 번아웃을 경험한다. 더 이상 버티기 힘든 순간이 온다. 특히 최근에는 비교적 젊은 세대에게 이 같은 번아웃 증상이 많이 나타나고 있다.[*] 젊은 세대의 번아웃 증상은

---

[*] 통계국무조정실이 한국보건사회연구원·한국통계진흥원에 의뢰해 조사한 '2022년 청년 삶

사회적으로 간과되기가 쉽다. 사회 초년생은 다 그렇다고. 좀 참으면 괜찮아질 텐데 나약해서 그렇다고 여겨지기 쉽기 때문이다. 부끄럽지만 나도 그렇게 생각했던 때가 있었다.

사회 초년생 시절 친하게 지내던 회사 친구들이 있었다. 조연출, 조명 조감독, 코디, 그래픽 디자이너. 우리는 모두 비슷한 나이였고, 대부분이 첫 직장이었다. 당시 우리는 회사로부터 노동 착취를 당하면서도 몰랐다. 야근은 생활, 주말 근무는 옵션인 삶이 당연한 줄 알았다. 자연히 긴 시간을 함께 지냈고, 전우애(?) 같은 것이 싹텄다. 이후 각자 뿔뿔이 흩어져 다른 곳에서 일하게 되었지만, 주기적으로 만났다. 소속은 달랐지만 모두 방송 일을 하고 있었다. 조연출을 했던 한 친구만 빼고. 그는 집안 사정으로 다른 일을 하게 되었다. 우리는 모두 그의 안정적인 일이 부럽다고 말했다. 그는 그런 말을 들으면 쓴웃음을 지으며, 우리가 하는 말들을 가만히 듣곤 했다. 간혹 방송 일을 하고 싶다는 말도 했지만, 그도 우리도 알고 있었다. 그에게는 사실상 선택의 여지가 없었다. 활발했던 그가 점점 말이 없어진다고 생각했지만, 철없던 우리는 배려하지 못했다.

실태조사' 결과, 최근 1년간 번아웃을 겪었다고 응답한 비율은 33.9%였다. 번아웃 이유는 진로불안 (37.6%), 업무과중(21.1%), 일에 대한 회의감 (14.0%), 일과 삶의 불균형(12.4%) 순으로 나타났다.

사라지기 6개월 전부터, 그는 모두와 연락을 끊었다. 모임에도 나오지 않았다. 그중에서도 그와 각별히 친했던 나는 몇 번의 연락을 시도했지만 무시당했다. 오지 않는 답을 기다리던 어느 날, 나는 '쳇!'이라는 문자를 보냈다. 그리고 얼마 뒤, 그의 부고가 날아왔다. 서른 살, 영정 속의 그는 웃고 있었다. 봄꽃 같은 그의 얼굴 앞에 마지막 문자를 곱씹으며 나는 꺾였다.

살아가면서 문득문득 그 친구를 생각한다. 이제는 나보다 훨씬 어린 그때의 그를. 그가 느꼈을 막막함을. 끝없이 이어진 절망의 깊이를. 그리고 혼자 생각한다. 그때 내가 일의 무게를 조금 더 알았다면 어땠을까. 그러니 거기서 도망쳐 나와서 같이 살자고 권했다면 어땠을까. 다른 일을 찾아보자고, 다 괜찮다고 토닥였다면 어땠을까. 일이라는 것이 누군가를 죽일 수도, 살릴 수도 있다는 걸 알았다면 어땠을까 하는 생각. 그런 생각을 아직도 한다.

다행히도 소담은 그 힘을 알았다. 아니 느꼈다. 그 감각의 원천은 오래전 받았던 다정함이었다.

"어릴 때 집이 좀 힘들었어요. 그때 선생님께 도움을 많이 받았어요. H를 보는 데 제가 어릴 때 선생님에게 도움을 받았던 생각이 나더라고요. 어린 저의 시간과 지금 H의 시간이 많이 겹쳤어요."

소담은 작고 여린 아이였다. 겨울에도 찬물로 머리를 감고, 버스비를 아끼기 위해 걸어 다녀야 했다. 그래도 결핍은 없었다. 늘 충만했다. 고명재 시인이 말했듯 '좋은 부모, 좋은 사랑은 캄캄한 환경을 넘어설 무릎과 용기를 주**'기 때문이다. 소담의 어머니는 일상에 매몰되지 않는 삶의 태도를 물려주셨다. 소담은 그림을 그리고, 시를 쓰는 어머니의 등을 보고 자랐다. 어린 소담의 세계도 손끝에서 자꾸 생겨났다. 노트를 펴고, 비밀이 많은 글을 쓰고 또 썼다. 쌓인 노트가 수십 권이 되었고, 어느 날 펼쳐보니 그건, 시였다. 그 시가 강처럼 흘러 2018 『문득』, 2019년 『팔레트』, 2020년 『손잡고 이탈』이 되었다. H와 함께 〈학교밖청소년지원센터〉로 가기 위해 이 시집을 내밀었다. 그렇게 그곳에서 다시 교사와 제자가 되어 H와 함께 지내기 시작했다.

새로운 삶이 시작되었다. 아이들과 함께 시를 썼다. 그 시들이 그냥 흩어지는 것 같아 아쉬웠다. 정식 출판을 해주고 싶어 출판사를 차렸다. 지금 소담은 학교 밖 청소년들, 장애인 작가들 등

** 고명재 『너무 보고플 땐 눈이 온다』 (난다, 2023) p150

과 함께 작업을 하고 그들의 책을 낸다. 아직은 출판만 하지만, 나중에는 그들의 작품을 싣는 차원을 넘어, 비빌 언덕이 되고 싶다. 누구나 와서 작업하고 책도 쓰고 그림도 그리고 배울 수 있는 구체적 공간을 꿈꾼다. 출판사 〈고잠〉은 그런 소담의 꿈을 담았다.

"출판사 이름 〈고잠〉은 돌아볼 '고(顧)' 봉우리 '잠(岑)'이에요. 책을 펼쳐서 눕히면 산 모양이잖아요. 그 모양처럼 누워서 편안하게 쉬는 언덕 같은 존재가 되고 싶어요. 계속 그 언덕을 돌아보고 싶고, 시간이 지날수록 언덕이 높아지듯 가치가 높아지는 책을 만들고 싶어요. 또 현실적으로도 아트센터처럼 누구나 와서 머물고 책 쓰고 배우는 공간이었으면 좋겠다는 생각도 있어요. 장애인 친구들이나 학교 밖 친구들은 아무래도 훨씬 장벽이 높잖아요. 누구에게나 열린 공간을 만들고 싶어요."

물론 현실은 엄혹했다. 생계를 위해 아르바이트를 이어가야 했다. 코로나19 팬더믹은 계속되고 있었다. 가까운 동료 예술인이 극단적 선택을 하기도 했다. 몸도 마음도 물을 한껏 머금어 축 처진 솜 같은 나날이 흘러갔다. 어느 날은 숨을 쉬기도 버거웠다. 그때 그를 살려준 것이 '붓'이다. 정식으로 배운 적도 없었다. 고단

한 일과를 마치고 돌아온 저녁에도, 낡은 작업실에서도 붓을 잡았다. 추위에 손이 곱아도, 허리가 아파도, 붓을 잡은 손을 놓지 않았다. 그림이, 시간이, 마음이 쌓였다. 그것들이 모여, 개인전을 열고 작업을 이어 나갔다. 2024년에는 현대문예 시부문 신인상을 받고 등단까지 했다. 소담은 이 모든 여정이 가능했던 것은 자신을 둘러싼 사랑의 기운 덕이라고 말한다.

"저는 사실 그전에는 인생을 짧게 생각했어요. 지금만 생각했고, 마음이 힘들 때도 많았어요. 슬픔의 길이보다 제 삶의 길이가 더 짧다고 생각했어요. 그런데 아이들과 작업하고 이야기하고, 그림도 그리고 하다 보니까 삶이 길어진 거예요. 그게 신기하고 고맙죠.
생각해 보면 전 다 언급할 수 없을 정도로 많은 사람에게 늘 사랑을 받아왔어요. 그 모든 분에게 영원한 사랑과 감사를 전하고 싶어요. 물론 지금도 외로울 때가 있지만 예전만큼 외롭진 않아요. 지금은 어두울 때 밖을 보면 어딘가 불 켜진 방이 하나 있을 거라는 생각을 해요."

길은 어디서든 시작될 수 있다. 일도 그렇다. 답답한 상자에 갇힌 것처럼 슬픔 안에 있을 때, 소담의 손을 잡고 그 상황을 벗어나게 해 준 것은 다름 아닌 새로운 일이었다. 그렇게 소담은 편안하고 완만한 자신만의 언덕에 올랐다.

소담은 지금도 작은 방에 불을 켜고, 자신과 타인을 위한 일을 한다. 그는 예술을 통해 더 많은 사람과 소통하고 싶고, 그의 그림이나 글이 더 많은 사람들에게 작은 위로가 되기를 바란다. 그는 일을 통해 자신도, 남도 함께 날 수 있는 법을 본능적으로 안다.

새벽 2시, 모두가 잠든 것 같은 고요한 시간, 나는 이 글을 쓰다 문득 고개를 들어 밖을 본다. 건너편, 어둠을 가르며 한 점의 불빛이 깜빡인다. 누가 있을까. 어떤 이야기가 그 불빛 아래에서 피어나고 있을까. 소담의 이야기를 듣고 보니 따뜻한 불빛이 내게 인사라도 하는 것 같다. 상상한다. 이 깊은 밤, 각자의 방에서 저마다의 작은 불을 밝히고 있을 소담'들'을. 보이지 않아도, 알지 못해도, 우리는 어딘가에서 서로를 비추고 있다. 숨을 고른다. 몸을 낮춘다. 알지 못하는 많은 이들과 연결된 이 밤이 따뜻하다.

3부. 선 상상하기

삐뚤어서
알 수 없어서
그래서 완벽한

지도
내 마음이 그린 희망

김나래

이천의 조용한 시골 마을에서 한국 최초의 쌀맥주 전문 맥주 양조장인 '더훗브루어리'를 운영합니다. 두 아이의 엄마이자 브루마스터로서의 삶이 무겁게 느껴질 때면, 가만히 귀를 기울입니다. 아이들의 웃음소리를, 발효조에서 들려오는 보글보글 소리를 약을 복용하듯 듣습니다. 기운이 차오릅니다. 둥글게 말렸던 등을 활짝 폅니다. 힘이 납니다. 저의 맥주도 그랬으면 합니다. 오늘도 저는 도시의 번잡함을 벗어난 이곳에서, 일상의 따뜻함을 담은 맥주를 빚는 여정을 이어가고 있습니다.

식품 회사 직원에서 수제 맥주회사 대표가 된 나래

사회적 협동조합 형태의 공동육아 어린이집(이하 〈공동육아〉)에서 나래를 만났다. 〈공동육아〉는 양육자가 직접 어린이집 운영과 교육에 참여한다. 우리는 거의 매주 모였다. 회의, 양육자 교육, 문제 해결, 청소, 행사 등 우리가 익히고, 해결해야 할 일이 늘 쌓여있었기 때문이다. 당연히 쉽지 않았다. 하지만 그만큼 재미와 보람이 있었다. 자연스럽게 오랜 시간을 같이 보낼 수밖에 없는 양육자들은 누군가의 보호자라는 역할을 넘어, 서로 깊이 연결되는 관계가 되어갔다. 마음을 나눴다.

어느 날, 나래가 조합원 단체 방에 안부를 올렸다. 그는 맥주 제조 수업을 들을 예정이라며, 함께할 사람이 있는지 물었다. 수제 맥주를 만들면 나눠 먹자는 말만 할 뿐, 같이 참여하겠다는 이는 없었다. 나래는 훌훌 혼자 교육을 받으러 갔다. 그리고 얼마 뒤, 나래가 바빠졌다. 공모 사업에 지원하고, 사업을 따내고, 자기만의 맥주를 만들기 시작한 것이다. 그런가 보다 했는데, 또 얼마 지나지 않아 바로 이사와 집짓기, 맥주 양조장 운영으로까지 이어졌다. 물론 나래의 전공이 식품공학이라, 다른 이들에 비해 성장 속도는 빨랐을 것이다. 그러나 그렇다 해도 곁에서 보는 나에게는 모든 것이 놀랄 정도로 탄탄대로, 일사천리였다. 그뿐만이 아니었다. 농사도 짓고 CF도 찍고 유명 백화점 등에 납품도 했고, 맥주 관련 상품도 다양하게 만들어 냈다. 감탄을 거듭하다, 문득 신기하고 궁금했다. 나래는 어떻게 '경력 단절 여성'과 '수제 맥주 회사 대표'라는, 멀게만 느껴지는 그 간극을 단숨에 훌쩍 뛰어넘을 수 있었을까.

햇빛이 잘 드는 카페 창가에 자리를 잡고 나래와 마주 앉았다. 따뜻한 빛이 나래 옆자리에 머무르다, 서서히 사라져갔다. 인터뷰가 진행될수록 이야기는 더 날아올랐다. 풍성했다. 나래의 일, 그러니까 삶 이야기를 듣다 창밖을 보니 어느새 어둠이 내려앉았다. 여섯 시간이 넘는 인터뷰. 1회 기준 최장 시간이다. 이야기의 끝 무렵 나래가 문득 물었다. 자신을 통해 말하고 싶은 게 뭐냐고. 나는 대답 대신 같은 질문을 던졌다. 잠시 생각하던 나래가 말했다.

"오늘 인터뷰에서 정말 중요한 걸 알게 되었어요. 나는 전적으로 자유로워지고 싶구나. 자유의 소중함과 진정한 자유에 대해서 깨닫고 싶고, 이걸 오롯이 책임지고 싶구나. 사업도 그런 거잖아요. 처음부터 끝까지 내가 다 선택해야 하는 거잖아. 이게 내 운명이구나. 그 과정에서 내가 나를 자유롭게 하고 싶구나."

'자유'라는 말이 스위치 같았다. 자유라는 말이 거듭될수록 나래의 얼굴빛이 밝아졌다. 환한 얼굴로 어두워진 창밖을 물끄러미 보던 나래는 정말 새로운 사실을 깨달은 듯, 기쁜 얼굴로 말했다.

"정말! 나는 정말 그랬네요. 나 스스로를 자유롭게 해주고 싶었네요. 그래서 내 이름도 날개*인가?"

---

* 공동육아 양육자들은 제2의 이름(별칭)을 지어야 한다. 나래의 별칭은 '날개'다. 조합원들은 물론, 아이들도 그 별칭으로 어른들을 부른다. 이는 공동육아의 교육 정신과 맞닿아 있다. 아이들은 어른을 별칭으로 부르고, 평어를 쓰고, 눈을 맞추고, 동등한 위치에서 편하게 마주한다. 이 과정을 통해 신뢰할 수 있는 어른과 수평적 대화와 유대를 경험한다. 경험상, 성인들 역시 마찬가지다. 나이를 초월한 연대와 유대의 출발은 평등한 언어였다.

어릴 때부터 나래는 스스로가 새장에 갇힌 새 같다고 느꼈다. 먹는 것, 입는 것, 친구들 그 무엇 하나 나래가 정하지 못했다. 어린 나래는 엄마가 원하는 그곳에 닿고 싶었다. 엄마가 자랑스러워하는 딸이 되고 싶어 애썼지만, 그곳은 너무 멀었다. 가까스로 노력해 손끝이라도 닿으면, 어느새 더 멀고 높은 곳으로 목표가 달라져 있었다. 나래는 알았다. 평생을 노력해도 그곳에는 결코 닿을 수 없다는걸.

스무 살이 된 나래는 날개를 펴고 싶었다. 날고 싶었다. 가장 먼저 새장을 나가야 했다. 더는 버틸 수 없었다. 그러나 문을 여는 방법도, 제대로 나는 법도 몰랐다. 무작정 날아올랐다. 부딪쳤다. 살이 찢기고, 피가 흘렀다. 그러나 포기하지 않았다.

"대학생이 된 후 무작정 반항했어요. 더 이상의 착한 딸은 없는 거지. 그때는 세상에 무서운 게 없었어요. 죽어도 상관없다고 생각했으니까. 나 스스로를 아프게 하는 걸 일부러 찾아서 다 한 거야. 답답했으니까. 나가고 싶었으니까. 그러다 큰 사고가 났고, 3년을 병원에 있게 됐어요. 겨우 퇴원은 했는데 걷는 것도 불편했어요. 집에 누워만 있는데, 친구가 수능 교재를 가져다주는 거예요. '니 딱히 할 일도 없잖아, 공부해라.' 하면서요. 생각해 보니 진짜 그렇더라고요. 그래서 공부를 해봤는데, 너무 재미있는 거야. 덕분에 그해 수능을 다시 봤죠. 원서를 몇 개 냈어요. 서울에 있는 학교도 붙었는데, 거긴 경사가 너무 심한 거죠. 다리가 아직 다 낫지 않았으니까 갈 수가 없지. 근데 전국에서 평지율이 가장 높은 학교가 부산에 있는 거예요. 아, 망했네(웃음). 우리 집도 부산이잖아요. 나는 꼭 집을 나와야 하는데! 그래서 기숙사 담당 선생님에게 편지를 썼어요. 왜냐하면 당시 학교 기숙사의 경쟁률은 10:1 정도였는데 그걸 뚫어야 했거든요. 구구절절하게 눈물 뚝뚝 나오게 내 사정을 썼죠. 그 덕분인지, 정말 기숙사가 되었어요. 당당하게 집을 나온 거죠."

나의 첫 전공은 전자전기공학이었다. 누가 봐도 잘못된 선택이었다. 나는 뼛속까지 문과형 인간이다. 수학, 물리는 좋아하지도 않았다. 아니 솔직히 말하면 못 했다. 그럼에도 나는 이과를 택했다. 여고에서 이과는 소수의 선택이었다. 누가 강요한 것도 아니다. 그렇다면 왜 나는 적성이나 흥미와는 전혀 무관한 길을 굳이 택해서 갔을까. 나래의 대답 속에 나의 답도 있다.

"자유로워지고 싶었어요."

자유를 위해서는 독립해야 했고, 독립의 기본은 경제적 자립이었다. 어린 나는 졸업 후 무엇을 할지 선명하게 그려지지 않는 문과가 아니라, 진로가 딱 보이는 이과로 가야 한다고 생각했다.**

그러나 나는 공대에서 도저히 견딜 수가 없었다. 지금의 삶은 어찌어찌 참는다 해도, 졸업 후 삶이 더 불행할 것 같았다. 지금까지는 그냥 시키는 대로, 좋다는 대로 흘러가듯 살아왔지만 더는 그렇게 살 수 없었다. 나래의 유년 배경 화면이 한여름의 모래사장 같다면, 나는 한겨울의 어두운 골목 같았다. 상황은 달랐지만, 둘 다 결핍이 있었다. 나 역시 뒤늦게 혼자 공부를 하고, 서울로 올라가 시험을 봤다. 그렇게 나는 내 집, 정확히는 내 방을 떠나왔다. 지금도 떠나기 직전, 빈방에서 맡았던 아련하면서도 낯설었던 공기의 감각이 떠오른다. 한 챕터가 닫히고, 새로운 챕터가 열리고 있었다. 뭉클했다. 눈물이 핑 돌았다. 박완서 작가의 말처럼 '졸업식 날 아무리 서럽게 우는 아이도 학교에 그냥 남아 있고

** 십대의 나는 인생이란 것이 이렇게 복잡하고, 많은 변수가 있는 것인 줄 몰랐다. 그러나 그때의 잘못된 결정으로 나는 스스로를 투명하고 처절하게 돌아볼 수 있었다. 하고 싶은 것과 할 수 있는 것을 일치시키는 것이 삶의 질을 높이는 가장 빠르고 확실한 방법이라는 것도. 그 결과, 도대체 취직과는 도움이 안 될 것으로 생각했던 두 전공(사회학/ 문화인류학)을 하고 이런 책도 쓰게 되었다.

싶어 우는 건 아니****기에 망설임은 없었다. 힘차게 한 시절의 문을 닫았다. 이후 선택의 문 앞에서 망설일 때마다, 그날을 떠올렸다. 스스로 여닫았던 문. 그 선택의 경험이 이후의 나를 이끌었다.

나래도 문을 열었다.

그것도 오롯이 자신의 힘으로.

물론 처음에는 어설펐다. 날아본 경험이 없었으니 당연했다. 대신, 두렵지 않았다. 다시는 그 이전으로 돌아가지 않겠다고 다짐했다. 대학 입학 이후, 등록금부터 생활비까지 스스로 다 해결했다. 장학금을 받고, 주중, 주말 상관없이 아르바이트했다. 식품공학을 전공하며, 영양학을 복수전공 했다. 나래는 맛에 대한 감각이 남달랐다. 졸업 후에는 식품 개발팀 연구원, 대기업 영양사, 식품 마케팅 등 음식 관련 다양한 직종에서 일했다. 가는 곳마다 좋은 성과를 올렸다. 어디서나 나래를 오라고 했다. 심지어 이직을 준비하던 중, 짧게 일한 보험 회사에서도 1층 로비에 사진이 붙을 정도로 뛰어난 성과를 거뒀다. 어떤 일을 하든 술술 잘 풀렸다.

그러나 육아는 달랐다. 나래는 큰 아이를 낳고 육아휴직을

*** 박완서 『그 남자네 집』 (현대문학, 2004) p96

했다. 이전과 이후가 급격히 달라졌다. 당시 나래의 좋고, 힘든 순간을 그래프로 그려보면 끊임없이 요동치는 거대한 파도 모양이 아니었을까. 큰 아이는 보통 에너지를 가진 아이가 아니었다. 무엇을 보든 달려들었다. 기쁨도 슬픔도 크게 느끼고 표현했다. 집과 정신 상태가 아노미 상태로 빠져들었다. 큰 아이가 9개월쯤 되었을 때, 한 대기업에서 스카우트 제의가 들어왔다. 나래가 일해보고 싶던 회사였다. 기회를 놓칠 수 없었던 나래는 복직 대신 이직을 택했다. 베이비시터를 구하고, 어린이집에 보내면서 김포에서 안양까지 출퇴근했다. 그러나 그 생활은 오래가지 못했다. 넘치는 에너지를 가진 아이 곁에는 늘 새로운 일이 생겼고, 출퇴근 시간이 긴 워킹맘은 그 변수를 감당할 수 없었다. 그런 상황에서 둘째 임신까지 하게 되었다. 결국 회사를 퇴직한 나래에게는 당연한 수순인 양, 우울함이 찾아왔다.

내가 인터뷰했던, 아니 곁에서 지켜본 많은 주 양육자(주로 엄마)들이 —정도의 차이는 있지만— 아이들이 어린 시기에 우울을 경험했다. 당시에는 몰랐지만 나도 어느 정도는 그랬다. 처음 가 본 낯선 섬에 홀로 동동 떠다니는 막막한 심정으로 육아카페에 매달리던 시절이 있었다. 아이는 예쁘고도, 힘들었다. 지금 생각하면 당연한데, 그때는 이런 생각이 들 때마다 그림자처럼 죄책감이 따라붙었다. 꼭꼭 닫힌 아파트에서 아이와 하루 종일 뱅뱅 돌다 유아차라도 끌고 나가면, 혐오의 시선이 쏟아질까 신경 쓰였다. 지친 하루 끝에 멍하니 창밖을 보다 보면 내 인생이 이렇게 사라지고 있다는 생각이 들기도 했다. 사회는 빠르게 변해가는 데 나만 정지된 느낌이었다. 앞날이 보이지 않았다. 그때의 나는 조금 과장해서 말하자면 서서히 벼랑 끝으로 밀려나고 있는 기분이었다. 그땐 몰랐지만, 많은 사람들이 그랬다. 우리는 모두 고독한 섬처럼 따로 떨어져 혼자 자책하고 외로워하며 그 시절을 건넜다. 문제가 심각해지는 건 이 명백한 고통을, 이해받지 못할 때다. 때로는 남편조차, 아니 자기 스스로조차 알아주지 않을 때, 우울은 슬며시 문을 두드린다.

[여는 글]에 쓴 것처럼 이 책의 시작에는 후배가 있지만, 동시에 유아차를 끌고 마트를 돌고 있는 여성도 항상 내 머릿속에 있었다. 나는 그들 옆에 서서 같이 유아차도 밀고, 기저귀도 갈고, 산책도 하면서 이야기해 주고 싶었다. 지금 이 시간이 영원할 것 같지만 사실은 그렇지 않다고. 너의 가능성은 닫히고 있는 것이 아니라, 오히려 더 크게 열리고 있는 거라고. 한 인간을 이렇게 오롯이 바라보고 돌보는 경험은 귀하다고. 그래서 너를 완전히 다

른 인간으로 만들어 줄 거라고. 무슨 일을 하더라도, 너는 더 나은 인간으로 그 일을 할 수 있다고 말해주고 싶었다.

나래도 그랬다. 사자 같던 첫째 아이는 거의 매일 자연을 접하며 바깥 놀이를 하는 공동육아 어린이집을 다니면서 놀라운 속도로 달라졌다. 나래는 아이가 가진 에너지를 긍정적으로 다 쏟아냈기 때문인 것 같다고 했다. 둘째는 어렸지만, 세상 순하고 예뻤다. 나래도 조금씩 회복되어 갔다. 맥주 양조라는 새로운 일을 해보기로 결심했던 것도 그때였다.

"맥주를 처음 배울 때 큰 공장을 생각한 건 아니었어요. 예전에 도자기 수업을 오래 들으며 그릇을 만들었거든요. 그래서 도자기 공방을 하면서, 마음 맞는 사람들이랑 맥주도 제조하면 좋겠다는 정도의 가벼운 마음이었어요. 근데 우연히 동업하자는 분이 있어서, 뭣도 모르고 시작한 거죠. 그건 결국 안됐지만 그 계기로 조금씩 발을 들여놓았다가, 창업 공모전에 지원했는데 덜컥 큰 상을 받게 된 거예요. 전국에서 몇천 명이 지원해서, 딱 10명만 선정하는데 그게 된 거예요. 상을 받고 창업 지원금도 받게 되었으니까, 창업을 안 할 수가 없었죠."

나래의 창업은 수많은 '새 일'들과 연결되었다. 수제 맥주 가게 운영, 공장과 집을 지어 이주, 지역에서 작목반을 만들어 함께 공동 출자해 농사짓기, 마을 축제 주관하기, 다양한 상품 만들기, 맥주 효모 비누 만들기 등 모두 생전 처음 체험해 보는 것들이었다. 그러나 나래는 두렵기보다 궁금했다. 도전해 보고 싶었다.

"어릴 때 정말 철저하게 자유가 배제된 환경에서 살았잖아요. 그런데 저는 이 맥주 사업을 하면서 자유의 소중함과 중요성을 전적으로 체험했어요. 그러니까 일 자체는 제 목적이 아니라 과정인 거예요. 일을 통해 엄청난 성장을 했다고 생각해요."

나래의 다음 사업 목표는 맥주 공장에서 배출되는 탄소를 활용한 환경 사업이다. 나래는 오랫동안 자신의 맥주 공장에서 발생하는 많은 것들에 대해 생각했다. 단지 제품만이 아니라, 그 물건을 생산하기 위해 어쩔 수 없이 나오는 것들에 대해서. '맥주 효모 비누'를 만든 것도 공정 후 발생하는 쓰레기를 최대한 줄이고 싶어서였다. 사실 소규모 공장들은 현재 탄소 배출과 관련해 별다른 법적 제재를 받지 않는다. 매출과도 무관하다. 아니, 오히려 돈이 드는 일이다. 그래서 많은 공장에서는 신경도 쓰지 않는다.

그러나 나래는 그래서 더 자신이 하고 싶다고 했다. 자신이 이걸 해내면 자신과 비슷한 규모의 다른 작은 공장에도 공해를 줄일 방법을 알려줄 수 있으니까. 나래는 그렇게 세상에 더 당당해지고 싶고, 결과적으로 더 자유로워지고 싶다.

'내 삶의 주인은 나'라는 말은 '건강하기 위해 운동을 해야 한다'처럼 너무 당연해서 힘이 없는 말이라고 생각했다. 그러나 나래의 이야기를 듣다 보니 단지 힘없는 수사가 아니었다. 오랫동안 자유를 갈망해 온 그는 자신의 삶을 온전히 살아내는 방법을 찾아 여기까지 온 것이다. 자기 삶의 주인이 자신이기에 가능했던 일이다. 나는 깨달았다. 나래는 맥주 사업을 하지 않았더라도 어떤 일이든 해냈을 것이다. 그의 삶이 더욱 깊고 넓어지며, 자유로워지는 방향으로 나아갔을 것이다. 나래에게 일이 새로운 세상을 여는 열쇠였다.

'자유'라는 필터를 통과해 들려오는 나래의 모든 이야기가 새로웠다. 이야기가 맑은 우물처럼 끊임없이 샘솟았다. 그중 극히 일부만 이 지면에 옮겼다. 문장과 문장 사이에 빼곡하게 박혀있던 그의 시간 —어린 시절의 기억, 사랑했던 순간들, 가족 사이의 관계, 흥겨운 취미, 세계 여행, 독특한 아르바이트 경험 등—이 지금의 나래 안에 자리 잡고 있다. 이 모든 경험들이 그에게 마르지 않는 자산이 되리라는 걸 예감한다.

리베카 솔닛은 『길 잃기 안내서』에서 '진실은 사건이 아니라 희망과 욕구에 있다'고 했다. 그랬다. 나래의 진실은 '경력 단절 여성이었다가 수제 맥주 회사의 대표가 되었다'라는 〈사건〉이 아니라, '자유롭게 살고 싶다'는 그의 〈희망〉과 〈욕구〉에 있었다.

어둠이 내린 저녁, 떠나는 나래의 뒷모습을 보며 손을 흔든다. 누가 가르쳐주지도 않았어도 자유를 찾아 충분히 길을 잃었고, 자신의 희망과 욕구를 삶의 지도 삼아서 여기까지 왔다. 물론 그 여정은 지금도, 앞으로도 계속될 것이다. 그렇게 나래는 '새로운 일'을 통해, 자신이 닿고자 했던 자신만의 삶의 진실에 점차 가까워지고 있다.

카메라
너머의 이야기

박민주

부모님의 딸로, 아이들의 엄마로 살아오다
아직은 소개도 어색한 쇼호스트로 인생 3회 차를 살아가고 있다.
시청자들과 소통하고 상품을 판매할 때 벅찬 뿌듯함과 감동을 느끼며
나만의 스토리를 차근차근 쌓아 간다.
앞으로 쇼호스트로 더욱 성장해, 누군가가 나를 통해
새로운 꿈을 꿀 수 있는 멘토가 되는 것이 나의 목표다.

학원 강사에서 라이브커머스 쇼호스트가 된 민주

　화면 가득 빨간 토마토가 잡힌다. 카메라가 줌 아웃되면서 웃고 있는 민주가 보인다. 미소가 토마토를 닮았다. 민주는 밝은 표정과 생생한 감탄사, 설득력 있는 설명으로 스테비아 토마토가 얼마나 달고 맛있는지 전달한다. 핸드폰 속 라이브커머스 상품별 가격이 뜬다. 3 상자 구매 시 대폭 할인된다는 문구가 눈길을 끈다. 토마토를 안 먹던 아들이 알아서 찾아 먹는다는 말에 호기심이 인다. 아삭하고 상큼하고 달콤한 표현들이 화면을 가득 채운다. 실시간으로 들어온 질문에는 곧바로 답변이 이어졌다. 스테비아 토마토를 먹어본 적이 없던 나는 맛이 궁금해졌다. 나도 모르게 주문 버튼을 누르고는 다시 민주를 봤다. 눈이 반짝이고 있다. 이건 꾸며낸 표정이 아니다. 진짜다. 그가 이 순간을 즐기고 있다는 게 느껴진다. 문득 궁금했다. 어떻게 이 일을 시작하게 된 거지?

박해영 작가의 드라마 〈나의 해방일지〉에는 삼 남매가 나온다. 그중 둘째 창희(이민기 배우)는 우연인지 필연인지 모르지만, 가까운 이들의 임종을 지킨다. 그는 드라마 내내 '도시로 나가고 싶고, 좋은 차를 사고 싶고, 승진하고 싶고, 연애하고 싶다'는 말을 쏟아내지만, 실상 창희의 삶의 태도를 보면 그의 욕망은 그렇게 세속적(?)이지 않다. 오히려 중요한 갈림길에서 늘 다른 선택을 한다. 시종일관 툴툴거리면서도 누나의 연애를 돕고, 버스 시간이 임박한 사람에게 순서를 양보한다. 결정적으로 자신이 크게 투자한 사업의 성공이 눈앞에 보이는 날, 창희는 사업을 포기한다. 대신 친인척도 아니고, 지인의 지인 정도의 관계가 있는 한 사람의 손을 잡고 마지막을 함께한다. 창희는 그렇게 본능적으로 죽음을 통해 삶을 추앙한다.

창희는 이후 서울로 나와, 오랫동안 빚을 갚는다. 더는 멋진 차도, 승진도, 연애도 바라지 않는다. 대신 자전거를 타고 한적한 길을 달리며, 멍하니 산을 보다 울기도 하는 날을 살아간다. 그러던 어느 날 서울 풍경화 수업을 들으러 간 창희는 우연히(혹은 필연적으로) 다른 강의실로 들어가게 된다. 그곳에서는 진행되는 건, 장례 지도사 수업. 순간 어리둥절한 표정을 짓던 그는, 이내 운명에 이끌리듯 나가던 발걸음을 되돌린다. 책을 펼치고, 조용히 웃는다.

새로운 일을 해야겠다고 결심하거나 하고 싶다고 마음먹는다고 해서, 모두가 명확하게 '다음 일'이 보이는 건 아니다. 계획을 세우고, 노력을 기울여도 일이 뜻대로 풀리지 않을 때가 많다. 우리가 모두 경험했듯 현실은 그렇게 호락호락하지 않기 때문이다. 또한 남들이 좋다고 하는 일이, 반드시 나에게 맞으리란 보장도 없다. 드라마 〈나의 해방일지〉의 창희는 오랫동안 세상에서 좋다고 하는 것—도시, 차, 승진 등—을 자신의 욕망이라 믿어왔다. 그러나 그는 결정적 순간이 되면, 다른 선택을 했다. 그것은 이름을 붙일 수 없는 어떤 끌림, 바로 창희 안에 자리한 진짜 욕망이었다. 그는 그 흐름에 따라 움직이며, 결국 자기만의 길에 닿았다.

민주도 〈나의 해방일지〉 창희처럼, 강의실에 앉고 나서야 알았다. 이 수업이 자신이 기대한 주제가 아니라는 걸. 사실 수강 신청부터가 충동적이었다. 민주는 무엇이든 해보고 싶었다. 돌이켜 보면 그동안 너무 정신없이 살았다. 다섯 살 터울 남매를 키우는 일은 외동 둘을 키우는 것과 별반 다르지 않았다. 이제 끝나가는 줄 알았던 육아가 다시 시작되었다. 성별, 성향, 생활 패턴 등이 극과 극인 두 아이의 동선을 따라 하루해가 바쁘게 떴다 저물었다. 남편까지 해외 지사로 발령이 나면서 생활은 더 정신없이 바빠졌다. 민주는 그때 비주기적으로 하고 있던 강사 일도 그만뒀다. 아이들도 돌봐야 했고, 곧 이곳의 삶을 정리하고 남편을 따라 해외로 나갈 계획이었다. 그러나 얼마 뒤 코로나19 팬데믹으로 세상이 멈춰버렸다. 게다가 민주에게 청천벽력과도 같은 소식이 더해졌다. 아버지의 암 선고였다. 장녀인 민주는 대구와 일산을 오갔다. 마음과 몸이 자꾸 덜컹거렸다. 갈라진 땅 위에서 자라는 작은 식물처럼 고꾸라지는 느낌이었다. 그에게는 에너지와 시간 여유가 절실했다.

민주는 일단 자신의 현실을 바꿔보기로 결심했다. 가장 먼저 오랫동안 다정한 위로와 주기적 피로를 동시에 안겼던 이웃들과의 크고 작은 모임에서 나왔다. 특별히 불만이 있었던 건 아니었다. 그들의 다정한 도움 없이는 독박 육아를 해내는 것이 불가능했을 것이다. 그러나 지금은 자신의 힘을 키워야 했다. 무엇보다 변수가 늘어난 자신의 삶을 일일이 풀어내기가 힘겨웠다. 입 밖으로 아버지의 병명을 말하고, 매번 달라지는 상황을 하나하나 설명하기가 부담스러웠다.

모임에서 나오자, 삶에 작은 빈틈들이 생겼다. 솔솔바람이 불었다. 여유롭게 외로웠다. 작은 빈틈들을 들여다보고 있자니 온갖 감정들이 몰려왔다. 중심을 잡아야 했다. 그때 우연히 '경력 단절 여성을 위한 교육' 공고를 봤고, 신청했다.

"강의가 시작됐는데, 뭔가 이상한 거예요. 응? 뭐지 하고 그제야 강의명을 제대로 봤어요(웃음). 사실 인터넷에 상품을 파는 스마트 스토어를 한번 해보고 싶어서 간 거였거든요. 남편이 중국에 있으니까, 막연하게 방법이 있지 않을까 하고. 근데 그게 아니었던 거죠. 쇼핑몰에서 라이브로 물건을 파는 '라이브커머스 쇼호스트' 양성 강의더라고요. 사실 그때는 이 용어도 모르고, 뭘 하는지도 전혀 몰랐어요. 한 번도 생각해 본 적이 없으니까. 그렇게 엉겁결에 앉아 있는데 자기소개를 하잖아요. 모여 있는 분들의 열정이 정말 대단하더라고요. 블로그나 인스타를 아주 열심히 하시는 분들도 많고, 유튜브나 스마트스토어 활동을 적극적으로 하시는 분들도 있고. 나는 사실 아무것도 안 하고 있다가 그냥 와 본 건데. 그래서 처음에는 내가 들어도 되나? 이런 생각을 했어요. 근데 수업을 듣다 보니, 너무 즐겁더라고요. 재미있어요. 갑자기 삶의 활기가 돌았다고나 할까."

오랫동안 지속되었던 익숙한 환경에서 벗어나, 외롭지만 자유로운 길을 선택한 민주. 그가 스스로 선택하고 혼자 찾아간 강의였다. 심지어 그가 원래 듣고자 했던 강의도 아니었다. 그런데도 ㅡ우연히 다른 강의실에 들어간 창희처럼ㅡ 민주는 그 강의가 생각보다 너무나 마음에 들었다. 그렇게 민주는 예상치 못한 계기로 새로운 일로 한 걸음 내디뎠다.

이 이야기는 '원하면 우주가 나를 돕는다.' 같은 메시지를 전하려는 것이 아니다. 오히려 '나는 나를 도울 수 있다'는 이야기를 하고 싶다. 민주는 그동안 아무것도 하지 않았다고 말했다. 외부의 시선으로 '경력 단절, 여성, 40대'라는 조건만 보면 그렇게 보일 수도 있다. 그러나 어떤 삶도 단순히 그곳에 다다르는 법은 없다. 민주의 시간을 그렇게 간단히 평가할 수 없다. 실제로 민주는 성격은 다르지만, 오랫동안 카메라 앞에 서서 촬영한 경험이 있다.

대학 졸업 후 대구에서 학원 강사로 일했고, 이를 계기로 교재와 연계된 동영상 강의를 진행하게 되었다. 아이들이 더 든다고 혹은 덜 든다고 자신에게 큰 영향을 미치지 않지만, 어떻게 하면 더 집중해서 들을 수 있을지 고민하고 또 고민하며 강의안을 준비했다. 결혼 후 경기도로 이주해서 한동안은 일을 쉬다, 우연히 동영상 강사 모집 공고를 접하게 되었다. 지원자들 모두 쟁쟁한 경력을 갖추고 있었다. 지방대 출신은 민주가 거의 유일했지만, 당당히 합격했다. 그렇게 다시 시작했다. 경제적으로 큰돈을 버는 건 아니었지만 비교적 스케줄이 자유로워 육아와 병행하기에 좋았다. 무엇보다 경력을 이어 나간다는 자부심과 보람이 있었다. 무엇이든 대충하지 않았다. 아이들 눈높이에 맞게 과학 실험을 보여주고, 눈에 띄기 위해 분장도 했다. 현장 강의보다 더 생생해야 아이들의 집중력이 흐트러지지 않는다는 걸 경험으로 알았기 때문이다.

물론 그때의 강의와 지금 라이브커머스 방송은 영상으로 송출된다는 것 외에는 많은 것이 다르다. 그러나 카메라 너머 사람들의 이목을 집중시키고, 이들에게 설득력 있게 메시지를 전달해야 하는 공통점이 있다. 전혀 관련 없다고 여겼던 과거의 나와 지금의 내가 이어지는 것이다.

'외롭다'

홀로 아파트에서 50일 된 아기를 안고 나도 모르게 중얼거렸다. 기뻤지만 외로웠고, 풍요로웠지만 허전했다. 이대로 내 삶이 그냥 정지해 버릴 것 같았다. 미혼 시절에는 왜 방송 작가들은 결혼을 안 할까 하는 생각을 많이 했었는데, 그제야 알았다. 방송 작가들이 결혼을 안 한 게 아니라, 결혼하지 않았거나 혹은 아이가 없거나 혹은 누군가 육아를 전담해 주는 상황에서만 방송 작가로 일할 수 있는 환경이었다. 그 어디에도 해당하지 않는 나는 막막한 기분이었다. 조바심이 들었다. 그래서 무리하게 일을 하고, 대학원도 다녔다. 그러나 계속 물음표가 쌓였다. 아직 눈도 제대로 못 뜬 아이를 어린이집에 맡기고 촬영장에 달려가던 날의 시린 아침, 늦은 밤 홀로 TV 앞에 앉아 나를 기다리던 아이를 보듬는 저녁이 내게 물음표를 던졌다.

'이렇게 사는 게 맞나? 내가 정말 원하는 삶이 이런 거였나?'

그런 물음표를 줄줄이 매달고 달리던 어느 순간, 계획에 없던 둘째가 생겼다. 그러자 갑자기 모든 것이 다 확 놓아졌다. 어떤 신호 같았다. 이제 그만 종종거리라고, 천천히 가도 괜찮다고, 네가 원하는 삶을 다시 생각해 보라고.

일을 그만두고, 대학원에도 휴학계를 냈다. (법으로 보호받는 육아휴직 같은 건 없었지만) 비로소 진정한 쉼을 경험했다. 아이 둘을 돌보며 그 어느 때보다 많은 책을 읽었다. 아이들을 자연에

풀어놓고 멍하니 함께 즐겼다. 아이들의 속도에 맞게 시간이 흘렀다. 그간 방송 마감 스케줄에 맞춰져 있던 나의 내면이 안정을 찾았다. 더 유명한 프로그램을 하고 더 잘난 작가가 되고 싶다는 세속적 욕망 뒤에 감춰져 있던 내 안의 뭔가가 꿈틀거리며 올라왔다. 명확히 말로 설명할 순 없지만 방송 작가를 시작한 뒤 늘 시달렸던 감정들과는 달랐다. 그때 우연히 펼친 신문에서 특이한 잡지 기사를 보았다.

그 잡지는 내가 사는 지역에서 발행되고 있었다. 잡지는 소위 대단하거나 유명한 이야기를 담고 있지 않았다. 대신 매 계절, 수원의 한 동을 정해 그곳을 찬찬히 담아냈다. 살아가는 사람들의 이야기를 듣고, 오래된 건물도 취재하고, 골목 어귀에 핀 꽃 이야기도 했다. 이처럼 골목과 골목 '사이'의 소소한 이야기를 담아내는 잡지의 이름은 〈수원골목잡지 사이다〉(이하 〈사이다〉)였다. 더욱 놀라운 점은 이 잡지를 만들기 위해 작가들은 재능 기부를 했고, 출판사는 자비를 들여 무료로 출판·배포하고 있었다. 상업적인 틀 안에 박혀 글을 써왔던 나에게 〈사이다〉의 내용과 형식은 신선한 충격이었다. 궁금했다. 알고 싶었다. 그게 시작이었다.

이후 나는 〈사이다〉의 인터뷰 코너 필진으로 활동했다. 나도 창희처럼, 민주처럼, 우연히 시작했지만 제 옷을 입은 듯 자연스럽게 스며들었다. 목적에 맞춰 대상을 미리 섭외해 진행했던 방송국 인터뷰와는 달랐다. 골목에서 할머니 할아버지를 만나고 이야기를 듣는 일이 잔잔하게 마음을 흔들었다. 자극적이지 않아, 오히려 자극이 되었다. 유명하지 않아서 충만했다. 인터뷰 후 돌아가는 길이면 골목의 작은 풀조차 사랑스러웠다. 할머니가 주신 이야기 선물이 나를 가득 채웠다. 얼른 풀어내고 싶었다. 내가 쓰고 싶은 글을, 내가 원하는 대로 쓰고 싶었다. 잘난 척하는 글이 아니라, 진심이 담긴 좋은 글을 쓰고 싶었다.

드라마 〈나의 해방일지〉 속 창희가 장례 지도사 수업에 들어간 것도, 민주가 라이브커머스 쇼호스트 양성 과정 수업에 들어간 것도, 내가 〈사이다〉에 당시 자원봉사 중인 신문 기사 취재로 찾아간 것도 모두 작은 우연으로 시작되었다. 그곳에서 우리는 모두, '이름 붙일 수 없지만 우리를 행복하게' 해주는 것을 발견했다. 명시적으로는 몰랐지만, 스스로가 잘 해내고 싶고, 잘할 수 있는 일이 바로 그곳에 있었다. 과거 어느 순간, 차곡차곡 쌓아온 자기만의 시간이 전해 준 지혜였다. 외부의 시선이 아닌 마음의 소리를 귀담아들은 결과였다.

민주는 한 달 평균, 십여 개의 제품을 방송으로 판매하고 수

익의 일정 부분을 수수료로 받는다. 판매가가 그리 높지 않은 식품이나 생활용품이 주를 이루기 때문에, 들이는 공에 비해 수입은 그리 높지 않다. 그러나 민주는 지금 하고 있는 일이 좋다. 보람도 있고 재미도 있고 전망도 있다고 믿기 때문이다. 할머니가 되어서도 딱 그 나이에 맞는 무언가를 소개해 줄 수 있을 것 같아 설렌다. 무엇보다 스스로 처음부터 끝까지 일을 만들어내는 과정에 큰 보람을 느낀다. 어떤 점을 강조할지, 어떻게 방송에 보여줄지 구성하고, 고민하고, 만들어가는 전 과정이 민주를 살아 있게 한다.

"처음에 저를 어떻게 알겠어요? 사실 지금도 팔로우 수가 많지는 않아요. 그래도 일단은 제가 할 수 있는 일을 하고 있어요. 작은 거라도 정말 최선을 다해서. 상품도 아무거나 받지 않고 정말 잘할 수 있는 방송만 해요. 얼마 전에는 애견 사료 제품 의뢰가 들어왔는데 나는 강아지를 안 키우니까, 이건 못하죠. 대신 제품을 잘할 수 있겠다 싶으면 하죠. 반면에 가전제품이나 음식 같은 건 제가 일상에서 접하는 거니까, 열심히 공부해서 해요. 생소한 것도 괜찮아요. 건강보조식품 같은 건 용어도 전문적이고 표현도 주의를 기울여야 하니까 좀 까다로워요. 그럴 때는 다른 쇼호스트들이 같은 제품이나 비슷한 제품으로 방송한 걸 찾아 모니터를 많이 해요. 방송 당일이 되면 몇 시간 전부터 준비해요. 화면 뒤 스크린도 설치해야 하고, 시연 준비 같은 것도 해야 하니까. 그것에 맞게 세팅하고 제품이 잘 보이게 놔두고 저도 메이크업을 하죠. 준비가 다 되면, 리허설하면서 제대로 되는지 봐요. 정말 하루가 다 가요. 그렇게 긴 준비 끝에 본방을 해요. 방송은 보통 한 시간 정도 하는데, 어떻게 시간이 가는지 모르겠어요. 진짜 재미있어요."

민주는 계획이 많다. 스스로를 더 다듬고, 인스타나 블로그 같은 것들도 특색 있게 하려고 노력한다. 화면으로 계속 노출되는 일이다 보니 예전보다 자신에게 더 많은 관심을 기울이게 되었다. 얼마 전에는 운동 프로그램에 참여하고 바디 프로필도 찍었다. 작은 변화들이 일상에 스며들며 민주는 한 걸음씩 앞으로 나아가고 있다.

시는 진실과의 우연한 만남이에요. 시를 쓸 때 우리는 무슨 말을 하려는지 몰라요. 우리가 이름 붙일 수 없는 것만이 우리를 행복하게 할 수 있어요. 시는 무지無知가 주는 기쁨의 약속이에요.
– 이성복 『무한화서』 (문학과 지성사, 2015), p12

이성복의 『무한화서』의 한 부분을 '시' 대신, '새로운 일'을 넣어 마음대로 오독해본다.

'중년, 경력 단절, 여성'이 다음 일을 찾거나 고민할 때 사회에서는 몇 가지 선택지만 제시한다. 자연히 위축된다. 나도 모르게 그 선택지 중 하나에 나를 끼워 맞추게 된다. 그러나 우리의 인생은 그렇게 얄팍하지도, 납작하지도 않다. 각자가 걸어온 긴 여정은, 이력서 속 짧은 몇 줄로 모두 요약될 수 없다. 내가 걸어온 길에서 뿌린 작은 씨앗들은 어쩌면 '진실과의 우연한 만남'에서 다시 움틀 수도 있다. 그러니 다음 일을 찾는 과정에서 내 안의 가능성을 제한하지 않길. 언제든지 다음 일을 통해 '이름은 붙일 수 없지만 우리를 행복하게 해주는' 어떤 것을 발견할 수도 있음을 잊지 않길.

시와 인생은 닮았으니까.

꽁소리
누구나 듣지만 아무나 듣지 못하는

봉부아

십 년 넘은 편의점 아르바이트 이야기를 담은 〈다정함은 덤이에요〉와 평범하고 약간은 지질한 중년 여성의 일기인 〈그걸 왜 이제 얘기해〉를 썼습니다. 봉부아라는 필명은 불어로 좋은 숲(bon bois)라는 뜻입니다, 라고 근사하게 위장하고 싶지만 실은 '봉천동 부자 아줌마'의 줄임말입니다(따흑). 요즘에는 '봉천동 부라운 아이드(brown eyed)'로 이미지 변신을 꾀하고 있지만, 어쩐 일인지 아무도 관심이 없네요.

비서직에서 편의점 직원이자 작가가 된 봉부아

약 십이 년 전. 봉부아는 둘째 아이 손을 잡고 유치원에 데려다주고 있었다. 그러다 문득 한 편의점 앞에 붙은 구인 광고에 시선이 멈췄다. 잠시 망설이다 문을 밀었다. 등원시키고 오면 다른 사람을 구했을까 조바심이 났다. '딸랑' 작은 종이 울렸다. 시작이었다. 그렇게 봉부아의 삶에 작다면 작고 넓다면 넓은 공간이 들어왔다. 짧게는 3시간, 길게는 8시간 편의점 직원으로 일했다. 처음에는 부끄러웠다. 죄지은 것도 아닌데 그랬다. 우연히 만난 지인에게 친한 언니의 부탁으로 어쩔 수 없이 하는 아르바이트라고, 묻지도 않는 말을 했다. 학년 초가 되면 아이가 가져오는 가정환경 조사지 직업란에 무엇을 써야 할지 망설였다.

그러나 곧 봉부아는 누구나 들을 수 있지만 아무나 알아채지 못하는 '종소리'를 듣게 되었다. 편의점 문이 열릴 때 울리는 종소리였다. 누군가가 편의점으로 들어오는 순간, 봉부아의 머릿속에 새로운 이야기가 샘솟았다. 많은 이들에게 편의점은 담배나 캔커피 등을 파는 평범한 일상의 공간일 뿐이지만, 봉부아에게는 아니었다. 굴을 발견한 뒤 전혀 다른 세계로 떠난 『이상한 나라의 앨리스』의 앨리스처럼, 봉부아는 하루에도 몇 번씩 편의점에서 '이상한 나라'로 떠났다. 그것도 아주 흥미로운. 그 세상의 창조자는 그 누구도 아닌 봉부아였다. 봉부아는 그 이야기를 하나, 둘 블로그에 꺼내 놓기 시작했다.

"늘 뭔가를 쓰고 기록하고 싶다는 욕망은 있었어요. 하지만 내 이야기를 내놓기 부끄러웠어요. 누가 읽을까 두려웠다가, 반대로 아무도 안 읽어주면 어쩌지? 하는 양가감정이 일었어요. 그래서 자신을 드러내지 않는 글쓰기 방법으로 재테크 블로거를 생각했어요. 닉네임에 '부자'가 들어가는 이유죠(웃음). 신규로 신용카드를 발급받으면 포인트를 얼마 준다든지, 어디에 회원 가입하면 기프티콘을 받는다는 정보를 올리는 게 시작이었어요. 그런데 이야기를 쓰고 싶은 욕망을 누를 수 없었나 봐요. 알뜰 쇼핑한 기록, 알차게 뷔페 먹기 등 가계부 이야기를 풀어놓기 시작하자 이웃이 늘어났어요. 자연스럽게 저의 주 생활인 편의점에서 생긴 일도 쓰기 시작했는데, 그곳의 이야기가 무궁무진한 글감이 되었죠."

봉부아의 이야기를 듣다 문득, 별자리가 이렇게 만들어진 걸까 하는 생각이 들었다. 하늘에 별은 그저 무심히 있(었)다. 그런데 누군가는 하늘을 골똘히 바라보고, 연결한다. 끝내 염소도 찾고, 황소도 찾고, 양도 찾아낸다. 모두가 끄덕일 비범한 서사를 만든다.

봉부아의 첫 에세이 『다정함은 덤이에요』(자상한시간, 2023)는 편의점에서 봉부아가 발견한 별자리 같은 이야기다. 얼음 컵을 치는 한 손님과의 대화, 단골 할아버지의 지갑 속 사진, 스마트폰 충전에 감격하는 아가씨의 감탄사 같은 평범하다면 평범한 일상이 봉부아라는 필터를 거쳐 특별한 경험담으로 피어난다. 웃다가 찡해지고, 진지하다 감동해 끄덕이게 되는 이야기가 된다. 꼿꼿하기보다 말랑하다. 문장과 단락 틈 사이로 여유가 흐른다. 독자는 각자의 이야기를 담아 함께 머물러도 되고, 그냥 스쳐 흘러가도 괜찮다. 무심히 흩어져 있던 별이 사람들에게 영감을 주는 별자리가 되듯, 평범했던 일상이 봉부아의 손끝에서 다른 모양으로 탄생한다. 세상에 없던 형태는 아니다. 익숙하지만 살짝 낯선, 한 끗 차이다. 그 미세한 차이가 봉부아만의 색을 만든다. 나는 그것이 봉부아가 쌓아 온 일상 속 수련의 힘이라고 생각한다.

요즘 나도 나름 '수련'을 하고 있다. 무도는 아니고, 요가다. 첫 시작은 인도였다. 인도와 요가를 붙여보니 거창해 보이나, 실상은 그렇지 않다. 대학교 때 떠난 인도 여행 중간에 자원봉사 캠프에 참여했다. 숙소는 남인도의 숲속에 있었다. 낮에는 마을에서 삽질을 하고, 밤에는 술을 마시고, 아침에는 요가를 했다. 이토록 생산적이면서도 비생산적인 스케줄이 가능했던 이유는 하나다. 젊었기 때문이다. 새벽 5시쯤 비틀거리며 거실로 가면 인도인 구루가 앉아 있었다. 털이 덥수룩한 남성이었다. 한 시간 수련 중, 반 이상이 명상이었다. 우리에게 눈을 감으라고 한 뒤, 그는 '나마스테'로 시작해, 많은 말을 웅얼웅얼했다. 당연히 잘 이해가 안 됐다. 영어이기 때문이기도 했지만, 구루가 자꾸 졸았기 때문이다. 수련 중 그의 말이 서서히 잦아드는 느낌이 들어 실눈을 살짝 떠보면, 구루의 몸이 말린 오징어처럼 접히고 있었다. 그러다 갑자기 제풀에 놀라 곧추섰다. 가끔은 코 고는 소리도 났다. 진지하게 웃겼다. 이해는 됐다. 그의 들숨 날숨에서 술 냄새가 났으니까. 그도 우리도 비슷한 밤을 보낸 것이다.

아무튼 이상한 구루가 이상한 방식으로 요가와 명상을 하는 시간이었는데…. 신기하게도 그시간이 참 좋았다. 가만히 앉아 있으면 어김없이 해가 떠올랐다. 구루가 몸을 숙일 때마다 창문 너머의 자연이 훅 밀려들어왔다. 대지는 광활하고, 숲은 창대했다. 걸러지지 않은 자연의 기운이 오롯이 전해졌다. 눈을 감으면 새날이, 뽀송한 오늘이 시작되는 느낌이 왔다. 이유 없이 든든했다. 나른하게 충만했다. 이제 와 생각하니 털북숭이 구루는 진정한 고수였다. 그는 거대한 몸으로 말랑하게 움직이며(그러니까 아직 숙취가 남아있는 반수면 상태로) 우리 앞에 앉아 있었다. 그가 숙일 때마다 틈이 생겼다. 그 틈으로 바람이 햇살이 스몄다. 그렇다. 그는 우치다 다쓰루가 말한 '무도 수업의 목적' 그대로 '아집을 지운 투명한 심신'을 통해 '거대한 자연의 힘'을 우리에게 전달해 준 것이다.*

글을 읽을 때도 비슷한 느낌을 받을 때가 있다. 오랜 수련을 통해 투명하게 단련된 이가 쓴 글에는 강하고 단단한 힘이 전해

---

* "무도 수업의 목적은 근골을 강하게 하거나 움직임을 기만하게 하는 것이 아니라 자신의 몸을 '양도체'良導体로 만드는 것입니다. 양도체란 경직되고 막히고 느슨한 곳 없이 갖추어진 몸을 뜻합니다. 그 신체를 통해서 거대한 자연의 힘 에너지가 발동합니다. 신체는 '힘의 심연'이 아니라 지나가는 길목입니다. 아집을 지우고 투명한 심신을 만드는 일, 그것이 바로 무도 수업입니다." 우치다 타츠루 『도서관에는 사람이 없는 편이 좋다』 (유유, 2024), p43

진다. 이때의 수련은 특정 장소에서 하는 좁은 의미의 그것이 아니다. 생활 속에서 어디서나 할 수 있는 넓은 의미의 수련이다. 꼿꼿하기보다 말랑하다. 흔들릴 때마다 틈이 생기며, 이 틈은 아무나 만들 수 있는 것이 아니다. 수련의 태도를 지니고 매일 단련하는 자만이 가능하다. 그런 자만이 고수가 될 수 있고, 고수만이 느슨할 수 있다. 봉부아 작가의 글을 처음 읽었을 때도 그런 생각이 들었다. 이 사람은 고수구나. 느슨하고 말랑하게 '아집을 지우고 투명한 심신'을 만들었구나. 그의 수련장은 가상의 공간 블로그고, 그의 도구는 글이구나. 놀랍고, 궁금하고, 부러웠다.

봉부아는 작은 건설회사의 회장 비서로 첫 사회생활을 시작했다. 지금이라면 SNS에 당장 오르내릴 만한 괴팍한 사람이 회장이었다. 그가 출근하면 전 직원이 일어나 구십 도로 인사했다. 서류철이 공중에 날아다니는 일도 잦았다. 난폭했다. 무례했다. 그런 사람이 직속상관이었다. 그래도 봉부아는 무려 3년 가까이 버텼다. 비결은 역시 사람이었다. 공공의 적이 있었기에 직원들은 자연스럽게 하나로 뭉쳤다. 회장을 제외한 전 직원이 서로를 보듬었다. 막내였던 봉부아는 특히 선배들의 다정함이 고마웠다. 회사 언니들은 그에게 엑셀과 워드 같은 기본 실무를 다시 가르쳐

준 것은 물론, 일상 속 유용한 지혜도 전수해 주었다. 청약 저축을 알려주고, 돈이 생길 때마다 금 귀걸이를 사 모으라는 알찬 조언도 했다. 어이없는 실수를 한 날이면, 차장과 과장이 떡볶이도 사주고, 삼겹살도 사줬다. 허했던 마음이 채워졌다. 그렇게 하루가 가고, 다시 하루가 갔다. 결혼과 출산이라는 삶의 흐름을 따라가다 보니, 자연스럽게 회사를 나와야 했다.

선택 아닌 선택이었다.

'선택 아닌 선택' 그러니까 출산과 육아로 인한 경력 단절 문제는 누구나 아는 이야기다. 너무나 익숙해서 새롭지 않게 느껴진다. 이 책을 위해 만난 인터뷰이에게도 반복적으로 나온다. 그러나 한 사람 한 사람 이야기를 따로 들어보면 전혀 그렇지 않다. '2만 명이 사망한 하나의 대지진 사건이 아니라, 한 사람이 죽은 사건이 2만 번 일어난 것이다'라고 한 일본 감독 기타노 다케시의 말처럼, 경력 단절 이야기도 그렇다. 숫자로 보면 하나의 현상이지만, 각자의 사정과 상황과 감정은 모두 다르다.

나도 결혼, 출산 등과 함께 당시 하고 있던 방송 프로그램을 쉬게 되었다. 마지막 날에 책상 정리를 하는데 울컥했다. 당당해 보이려고 애써 웃었다. 따라 나오는 서브 작가들에게 손을 흔들고 뒤돌아섰다. 작은 상자가 쓸쓸하게 가벼웠다. 그러나 나의 상자와 봉부아의 그것은 같지 않다. '선택 아닌 선택' 안에서도, 각자의 상황은 모두 다르다. 나는 나를 지원해 주는 양가 어머님들이 있었다. 그렇다, 나는 또 다른 여성의 희생을 담보로 내가 좋아하는 일을 했다. 덕분에 나는 주기적으로 아이를 맡기고 대학원에 갔고, 돈도 안 받고 할머니 할아버지 인터뷰를 하러 다니고, 역시나 돈은 안 되는 글을 썼다.

반면, 봉부아는 달랐다. 그에게는 지원해 줄 양가 어머님이 없었다. 이것저것 생각하지 않고 '좋아하는 일을 해봐'라고 말해 주는 사람이 없었다. 그가 나보다 객관적 조건이 힘들었다고 이야기하고 싶은 게 아니다. 그런 교조적인 자세 자체가 폭력이라고 생각하며, 실제로 사실도 아니기 때문이다. 삶은 그리 단순하지 않고, 모두가 다른 위치에 있다고 이야기하고 싶다. 그렇기에 각자의 일상에서, 자신만의 방법으로의 수련할 수 있다. 봉부아의 글이 그 수련의 결과다.

나는 블로그를 통해 봉부아의 글을 처음 접했다. 그때는 아직 그의 책이 나오기 전이었다. 매일 새로운 글이 올라왔고 하나같이 신선했다. 무엇보다 재미있었다. 놀라웠다. 그는 서울에서 두 아이를 키우며 평범한 하루를 살아가는 사람이다. 그런데 그 모든 일상이 글이 되었다. 지나가는 새를 봤던 찰나의 감정을, 커피숍 옆 테이블에서 우연히 들은 단어를, 아이가 툭 던진 한마디를 잡고 써냈다. 가볍고 유연했다. 힘들었던 일도 슬펐던 일도 뭉클하지만 단단하게 써냈다. 자신을 지키면서도 현실을 외면하지 않는 고수의 글이었다. 단박에 팬이 된 나는 이후 일상 글쓰기를 하는 사람을 만날 때마다 봉부아의 블로그에 가보라고 했다. 일상에 얼마나 글감이 많은지, 그걸 어떻게 하면 진부하지 않게 써내는지 느낄 수 있을 거라고.

"우리의 모든 순간이 글감이라고 생각해요. 뻔한 말이지만, 살아있는 건 기적이자 축복이잖아요. (불과 몇십 킬로미터 위인 북쪽에서 태어났다면, 이런 재미있는 글을 읽을 수 있었을까요?) 눈 떠서 잠들기 전까지 모든 순간을 다 적을 수도 있을 것 같아요. 물론 모든 글이 의미 있거나 재미있다는 뜻은 아닙니다(웃음). 연애할 때 무엇을 봐도 사랑하는 사람을 떠올리는 것처럼, 늘 글 쓸 생각을 합니다. 명품 넥타이를 보거나 비싼 요리를 먹을 때만 애인이 떠오르진 않죠. 맛있는 냉면을 먹으면 그이랑 같이 와야지 하고 생각하고, 쇼윈도의 카키색 셔츠를 보면 멋있어진 애인을 상상하며 나도 모르게 지갑을 열게 되잖아요(물론 상상과 현실은 다르더라고요. 인민 위원장인 줄). 주식 거래하는 사람들은 모든 뉴스가 투자로 보이고, 과학자들은 SF영화에서 과학적인 오류만 보인다고 하더라고요. 저는 주변의 모든 일들이 다 글감으로 보여요. 길을 가다가 천 원짜리 지폐를 주웠어요. 일단은 기쁘고 신나죠. 새우깡이나 사 먹을까? 마트를 찾아 걷다가 문득 저의 어린 시절이 떠올라요. 마지막 용돈이던 천 원짜리를 손에 꼭 쥐고 있다가 잃어버리고 한참 울었거든요. 혹시 어린 친구의 돈이었을까? 아니면 편의점에 매일 빈 병을 팔러 오는 할머니가 떨어트린 돈일까? 생각하다가, 결국 새우깡은 내 돈으로 사 먹고 주운 천원은 마트 계산대에 있는 불우이웃돕기 모금함에 넣고 나왔다는, 별거 아닌 이야기도 한 편의 글이 될 수 있지요. 평범한 이야기를 글감으로 바꾸는 능력은 장기라고는 생각하지 않아요. 글로 풀어놓는 일에 제가 조금 더 익숙할 뿐, 수만 가지 빛나는 이야기는 이미 각자 안에 있어요."

봉부아는 첫 직장을 그만둘 때 다시 이만한 회사에 취직할 수 있을까 걱정했다. 원래 남의 돈 벌어먹는 게 힘든 건데 쉽게 도망가는 건 아닌지 자책도 했다. 다음날 출근할 곳이 없는 자신이 낙오자 같이 느껴지기도 했다. 이후 상황도 예상대로(?) 쉽지는 않았다. 잠깐 어린이집에서 근무하기도 했지만, 역시나 자신의 아이들이 어렸기에 오래 근무할 수 없었다. 짐을 싸서 나가는 그의 뒤통수에 대고, 원장은 이래서 애 있는 사람은 채용하고 싶지 않다며 힐난했다. 봉부아는 숙이고 있던 고개를 더 숙이고 말없이 돌아 나왔다. 편의점에 이력서를 내밀었을 때, 대학 나온 사람이 이런 일을 할 수 있겠냐고 묻는 사장에게 자신도 모르게 비굴한 웃음을 짓기도 했다.

그러나 그런 모든 순간, 봉부아는 돌아서서 글을 썼다. 짧은 메모든, 블로그 글이든, 의미나 재미가 없어도 썼다. 나는 앞선 봉부아의 말 속에서 '재미있거나 의미 있지 않아도 쓴다'라는 말이 중요하다고 생각한다. 그는 일상 어디에서나 글감을 찾고, 쓴다. 굴욕도 아픔도 슬픔도 기쁨도 쓰는 순간, 다른 차원으로 이동한다. 쓰는 사람의 힘이다. 현실은 늘 그렇듯 녹록하지 않고, 우리 모두처럼 봉부아도 오르락내리락하며 산다. 그러나 턱, 문턱에 걸릴 때마다 그는 스스로를 깎아내리거나 주저앉지 않았다. 대신 조심스럽지만 용감하게 글을 쓰며, 자신만의 방법으로 문턱을 넘었다. 그렇게 자기의 스타일을 구축해 왔다. 비록 다른 누군가에는 작고 힘없어 보일지라도, 그는 그 길로 들어가 남들이 보라고 하는 세계가 아닌, 자신만의 세계를 만들어냈다. 그래서 봉부아는 스스로에게 이런 말을 해주고 싶다고 했다.

"과거의 나에게 다 괜찮다고 말해주고 싶어요. 충분히 열심히 살았으니 그걸로 됐다고요. 모든 꽃이 봄에 피지는 않는다는 말이 있잖아요. 가을에 피는 꽃도 있고, 엄동설한에 피는 꽃도 있듯이요. 꽃이 아예 없는 식물도 있고요. 꽃을 피우려다 여력이 없어 꽃잎을 떨궈도, 꽃이 아니어도 내 존재를 구기거나 학대하지 않고 지켜준 것만으로도 칭찬하고 싶습니다.

그리고 지금의 나에게는, 조금 늦게 찾은 적성이지만 글쓰기를 첫 번째 일로 두고, 살림을 두 번째에 두라고 하겠습니다. 돈을 잘 벌거나, 살림 잘하는 사람을 보면서 나는 왜 이 모양일까 자책하며 열등감에 빠져 살았거든요. 살림뿐 아니라 청소, 요리, 재테크 다 못합니다만(웃음), 제 첫 번째 일은 글쓰기니까, 다른 일은 좀 못해도 되잖아요. 저의 글쓰기가 큰 성과를 내진 못하더라도, 글 쓰는 순간의 제가 즐거우니까, 또 한 명의 팬을 만들고 싶다는 생각으로 끊임없이 재미있는 이야기를 생각합니다. 어쨌든, 저는 좋은 글을 쓰고 싶은 계획이 있습니다."

글을 쓰고 싶어 하는 사람들과 함께한 모임에서 봉부아 작가의 책을 소개한 적이 있다. 일상이 모두 글감이라는 것을 강조하며 이야기를 이어갔다. 한 모임원이 어색하게 웃으며 말했다. '글도 잘 쓰시지만, 운이 참 좋으신 분 같아요.'라고. 웃음의 색과 '운'

이라는 말의 뉘앙스에서 부러움과 난감함이 묻어났다. 맞다. 세상 많은 일은 운에 영향을 받는다. 블로그에 글을 쓰다가 책을 내는 것도 쉬운 일은 아니다. 그러나 그 운(이라고 부른다면)은 그냥 뚝 떨어지지 않는다.

봉부아는 여전히 편의점에서 일을 한다. 자신만의 종소리를 듣는다. 그리고 꾸준히 쓴다. 매일매일. 자신의 운을, 글을, 삶을 짓는다. 그것도 아주 매력적으로.

4부. 선 잇기

새로운 삶을
잇기

씨앗

어떤 꽃이 피어날지 모를지라도

이혜승

창업 이후에 펼쳐진 내 삶을 한마디로 표현한다면 '이루기 어려운 무언가를 될 때까지 계속 시도하는 인디언 기우제'가 아닐까. 간혹 안개비가 내리기도, 이슬비가 내리기도 했지만 이토록 척박한 환경 속에 도움이 될 만한 억수 같은 장대비는 아직 내리지 않았다. 그럼에도 불구하고 나는 여전히 여러 실패 아니, 배움의 과정 속에 하나하나 값진 경험을 차곡차곡 쌓아가며 나를 조금씩 더 뚜렷하게 알아가고 있다. 오늘도 스스로가 정의한 성공한 모습을 향해, 보다 주체적인 내가 되기 위해 하루하루를 보내고 있다.

대기업 · 해외 취업 · 스타트업
다양한 경력으로 일하다 청년 창업자가 된 혜승

계단을 따라 천천히 내려갔다. 일상에서 비일상의 경계를 넘는 느낌이었다. 이른 봄볕으로 번들거리던 이마 위로 서늘한 공기가 스쳤다. 상쾌했다. 십여 개의 계단을 내려가 큰 유리문을 열자, 바닥에 깔린 동글동글한 돌들이 반겼다. 넓은 공간에 무심히 놓인 현무암이 이 공간의 테마인 제주도를 대변했다. 거대 스크린에서는 조용히 파도가 밀려왔다 밀려가고 있었다. 불과 30초 전 머물렀던 지상과는 전혀 다른 세계. 낯설었다. 이상했다. 그래서 좋았다.

그 공간에서 혜승을 만났다.

혜승은 소셜벤처기업을 창업한 지 3년 차인 사업가다. 그의 이력은 얼핏 보면 비일상의 연속처럼 보인다. 정부 창업지원 사업과 경진대회에서 10회 이상 서류심사를 통과했고, 여러 상도 받았다. 하지만 혜승의 하루하루는 묵묵히 버티는 일상의 반복이다. 계단 몇 개를 내려섰을 뿐인데 다른 세계가 펼쳐졌던 것처럼, 혜승의 일상과 비일상도 그리 멀지 않았다. 연결되어 있다. 그의 작은 하루들이 쌓여, 2023년 9월 전기 절약 아이디어 상품 출시로 이어졌다. 이 제품은 한 펀딩 사이트에 입점해 목표액의 2,000%를 초과 달성하는, 말 그대로 비일상적인 결과를 만들어냈다.

"제가 출시한 제품은 오래전부터 알고는 있었어요. 그동안은 상품화가 되기는 어렵겠다고 판단하고 있었죠. 근데 창업 3년쯤 되니, 다시 보이더라고요. 제품화까지 가능하겠다는 확신이 들었어요. 그때부터 제조 공장에 가서 금형 파고, 테스트하면서 리브랜딩을 시작했어요.

제품 외형부터 다 바꿔야 하는데 전 혼자 일하잖아요. 그래서 플랫폼을 적극 활용했죠. 시안 공모 사이트가 있어요. 제가 제품을 설명하면 여러 명한테 시안을 받고, 그중에 제가 마음에 드는 걸로 선정하는 시스템인데, 편리하기도 하고 퀄리티도 좋아요.

제품명도 챗GPT에게 물어봤어요. '이런저런 제품을 만들려고 한다, 이름 좀 알려줘' 했더니 한 서른 개쯤 주더라고요. 그중 괜찮은 걸 조합해서 정했어요. 1인 창업가에게 정말 누구보다 든든한 팀원이죠(웃음)."

사실 혜승이 예비창업 때부터 2년 넘게 주력해 온 사업은 따로 있었다. 환경 문제에 관심이 많았다. 특히, 너무 쉽게 버려지는 일회용 컵들을 보는 게 불편하고, 이상했다. 아니, 애틋했다. 딱 한 번 사용되고 곧바로 쓰레기가 되어버리는 현실을 바꿔보고 싶었다. 마침 다양한 리사이클, 업사이클링 제품들이 시장에 속속 등장하고 있었다. 그즈음 정부에서 '일회용 컵 보증금제'*를 도입할 계획을 밝혔다. 시대의 흐름이 보였다. 일회용 컵으로 무엇이든 해 볼 수 있을 것 같았다. 당시 일회용 컵 재활용률은 5%에 불과했다. 혜승은 누구나 일상에서 컵을 재활용할 수 있는 시스템을 만들고 싶었다. 코로나19 팬더믹으로 QR 인증이 자연스럽게 활용되고 있었다. 의미도 있고 사업성도 충분했다.

혜승은 창업 프로그램을 들으며 본격적으로 준비에 나섰다. 여기저기 발로 뛰며 대기업 환경 사업부와 협업을 논의했고, 개발사를 직접 찾아다니며 수거용 기계의 실현 가능성을 타진했다.

---

* 일회용 컵에 담긴 음료를 구매하면 보증금 300원을 내고, 사용 완료한 컵을 매장에 반납하면 보증금을 돌려받는 제도. 2022년 6월부터 전국을 대상으로 도입할 예정이었으나 사업이 연기되었고, 이후 규모와 지역이 축소되어 시행되었다.

현실성과 수익성이 보였다. '2021 성남시 여성창업 아이디어 경진대회 친환경 부문에서 한국지역난방공사 상'을 수상하고, '2022 예비창업패키지 특화 분야 소셜벤처 지원사업'에 선정되며, 대내외적으로도 가능성을 인정받았다.

"그때는 에너지가 넘쳤어요. 돈을 잘 벌지는 못했지만, 더 나은 세상을 만들기 위해 뭔가 하고 있다는 생각에 뿌듯했거든요. 지원 사업 선정으로 아이템 개발비 등 사업화 자금까지 받아 10개월 정도 일하니까 사업 운영이 더 현실적으로 다가왔어요. 당시 팀원과 함께 회의하고 사업 구상하면서도, 저는 틈틈이 아르바이트해야 했어요. 지원사업에서 직원 월급이나 운영 경비는 나왔지만, 직원 사대보험이나 생활비는 제가 벌어야 했으니까요. 택배 물류 창고 같은 데도 갔는데, 힘든 줄도 몰랐어요. 오히려 좋았다? 구상 중인 사업과 물류 현장이 자연스럽게 연결되는 게 보여서 흥미로웠어요. 당시에는 의욕이 넘쳐서 어디를 가든 무엇을 하든 모든 경험이 배움으로 이어지는 느낌이었어요."

그러나 얼마 지나지 않아, 정부 정책 흐름이 급격히 바뀌었다. '컵 보증금제' 전국 실시는 불투명해졌고, 당연히 시장의 요구도 빠르게 줄어들었다. 이 사업의 경우 시설 설비 등 초기 투자 비용이 크다. 정부의 지원 없이 사설 카페에서 이를 도입하는 것은 사실상 힘들었다. 혜승은 특허 출원, 대기업과의 협업, 회수 프로그램 개발 등이 거의 끝난 상태였지만, 사업을 일시 정지할 수밖에 없었다.

허탈하지 않았다면 거짓말일 것이다. 그러나 후회는 없었다. 맨땅에 헤딩이었지만 누구보다 치열하게 살았고, 성과를 이뤄냈고, 처음부터 끝까지 모든 과정을 혼자 해냈다. 그냥 회사에 다녔다면 절대 경험할 수 없었을 단단한 시간을 살았다고 자부한다. 그런 마음을 담아 혜승은 좌충우돌 창업 과정을 전자책으로 써냈다. 이 기록이 자신처럼 창업을 처음 준비하는 사람에게 조금이나마 도움이 되기를 바랐다.

창업을 시작한 이래로 미래에 대한 불확실성에 잠을 못 잘 때가 많다. 나에게 너무나 큰 도전이자 용기였기에 쉽지 않았던 이 모든 과정이 성공이라는 거대한 이름 앞에 가려져 아무것도 아닌 게 되어 버릴까. 결국 이 과정과 경험도 모두 쓸모없는 게 되어 버릴까 봐 종종 겁이 났다. 그러기 전에 이 대단한 것 없는 경험담이 누구에게 어떤 모습으로라도 조금의 도움이 되기를 바랐다. 누구에게라도 어떤 작은 새로운 도전 의식을 불러일으킨다거나, 창업을 꿈꾸게 한

다거나, 창업을 준비한다면 좀 더 철저한 준비를 할 수 있도록 독려한다거나, 아니면 '창업해서 이렇게 고전하는 사람도 있구나'하는 작은 안도감(?)이라도 들게 한다면 뭐가 되었든 이 경험은 의미 없지는 않았으리라.

– 이혜승 『33살, 창업은 처음이라서 – 30대 여성의 생애 첫 창업 분투기』(퍼스트클래스, 2022)

문제는 그 후였다. 전력 질주했고 아낌없이 불태웠지만, 손에 잡히는 결과가 없었다. 허탈했다. 물론 전기 제품도 출시했고, 성과도 있었다. 책도 냈고, 지금도 다양한 시도[**]를 하며 열심히 살고 있다. 그러나 그럼에도, 집으로 돌아가는 길이면, 어쩐지 바람 빠진 풍선처럼 휘청거렸다.

"밖에서 보기에는 30대고, 정부 지원 사업도 많이 받고, 제품도 만들어 출시했고, 펀딩 사이트에서는 반응도 좋았으니까…. 다 잘 되는 것처럼 보일 수 있잖아요. 대단해 보일 수 있어요. 그런데 사람들은 사업 속사정을 하나하나 다 알 수 없고, 저 역시

[**] 혜승은 여전히 다음 사업을 구상하며 달리고 있다. 또 지원사업 노하우를 삼아 컨설팅도 하고, 유튜브에 영상도 올리고, 여성 창업자들과 모여 서로를 독려하는 모임도 한다. 운동도 빠지지 않고 하고 있고, 블로그 등을 통해 부수입도 올리고 있다.

사정을 일일이 설명하기가 쉽지 않죠. 그러다 보니 (이 괴리 사이에서) 우울한 감정이 들 때가 있는 거예요. 제가 사업을 한다고 직장을 나왔잖아요. 머릿속으로는 제가 하는 일이 오로지 돈으로만 평가받을 수 없다는 걸 알지만, 실제로 수입이 기대만큼 만족스럽지 않으면 누가 뭐라 하지 않아도 스스로 위축되곤 해요. 사업한다고 말하기가 좀 꺼려진다고 할까요? 열심히 살고 있지만 아무것도 아닌 사람처럼 느껴질 때가 있고, 그럴 때 정말 힘들어요."

나도 30대 중반쯤 〈지식채널e〉라는 프로그램을 새로 시작했다. 두 아이 육아와 대학원 진학 등으로 한동안 특집 같은 단발성 프로그램만 하다가 주기적으로 하는 방송은 정말 오랜만이었다. 잘하고 싶었다. 아니, 잘해야 했다. 다른 프로그램도 아니고, 내가 정말 좋아하는 프로그램 〈지식채널e〉니까. 10년 넘게 이어온 프로그램의 명성에 누를 끼칠 순 없었다. 그러나 현실은 그리 만만치 않았다. 일단 큰 아이가 6살, 둘째 아이가 4살이었다. 방송은 3주에 한 편 제작해야 했고, 한 주는 아이템 선정과 기획, 한 주는 원고 쓰기, 한 주는 편집이었다. 하나의 마감을 끝내면 곧바로 다른 마감이 바로 코앞이었다. 이 와중에 대학원 마지막 학기를 보내며 논문 준비까지 병행해야 했다(결국 논문은 못 쓰고 수료로 마감했다). 그 시절의 나는 정말 일수 빚을 갚는 심정(오늘 못 갚으면 내일은 이자가 배가 된다)으로, 전력 질주하며 하루하루를 겨우 살아내고 있었다.

그날도 그런 바쁜 하루였다. 아이들을 어린이집에 보내고 다음 방송 아이템을 찾고 있었다. 밥 먹을 시간이 없어, 너구리 라면을 끓여 먹으며 자료를 뒤졌다. 마음이 급했다. 그때, 부르르 식탁 위에 올려둔 핸드폰이 울렸다. 모르는 번호로 온 문자였다. 젓가락질을 이어가며 왼손으로 잠김 화면을 풀었다. 젓가락질이 멈췄다. 멍했다. 바로 해석이 되지 않았다. 누가 뒤통수를 강하게 내리치는 기분이었다. 발신인은 방송국 다른 파트의 선배였다. 읽다가, 목이 막혔다. 한참을 가만히 있다, 절뚝이며 일어났다. 거의 그대로 남은 라면을 하수구에 버렸다. 오통통을 지나 퉁퉁 불은 면 위로 모멸, 수치, 슬픔, 분노의 감정이 쏟아졌다.

비난으로 시작해 비난으로 끝난 그 문자의 요지는 '너, 일 똑바로 해'였다. 지금 생각하면 치졸하고 비인간적인 문자였지만, 당시의 나는 아무 생각도 할 수 없었다. 바로 얼었다. 솔직히 나도 원고에 만족하지 못했으니까. 아니, 방송 작가를 하면서 완벽하게 만족해 본 적은 한 번도 없었다. 반응이 좋아도 어딘가 부족하다고 느꼈다. 더 잘하고 싶었다. 늘 어려웠다. 특히 짧은 시간 안에 의미 있는 메시지를 담아야 하는 〈지식채널e〉는 더더욱 그랬다. 굳이 하자고 들면, 나 역시 같은 논리로 그에게 '선배나 잘하세요'라고 보낼 수도 있었다. 세상에 완벽한 방송이란 없으니까. 그러나 그러지 않았다. 최대한 담대하게 보이고 싶었다. 전혀 그러지 못했기 때문에 더 그랬다. 그의 말은 유리 조각처럼 산산이 부서져 내게로 스몄다. 몸 밖으로 뱉어내고 싶은데 뱉어지지 않았다. 자꾸 더 안으로 파고들었다. 아팠다. 가장 약한 곳이 먼저 반응했다.

당시 나는 무릎 통증으로 병원에 다니고 있었다. 단순한 염증이었다. 그 문자를 받은 다음 날, 무릎이 1.5배쯤 부풀어 올랐다. 의사는 염증이 왜 이렇게 갑자기 심해졌는지 모르겠다고 했다. 나는 원인을 알았지만, 아무 말도 하지 않았다. 큰 병원으로 옮겨 MRI를 찍었다. 찢어진 무릎 인대를 감싸듯 붉은 염증이 몽글몽글 피어있었다. 선명한 고통을 눈으로 보자, 애써 눌렀던 감정이 눈으로 흘러내렸다. 의사는 당황한 얼굴로 괜찮을 거라 했다. 그러나 그 순간에도 나는 느꼈다. 어제의 문자가 파편처럼 몸을 떠다니며 나를 계속 찌르고 있었다. 고통스러웠다. 누구에게도 설명할 수 없었던 이 아픔을, 나의 무릎은 알고 있었다.

그랬다. 그 선배의 문자는 일종의 트리거였다. 일과 육아 그리고 대학원 공부까지 병행했던 당시의 나는 뭐랄까…. '실패 덩어리 인생'이라는 느낌을 수시로 받았다. 겉으로 보기에는 사람들이 알만한 프로그램을 하고 있고, 애도 둘이나 키우면서 대학원 공부까지 하는 대단한 여성으로 보였을지도 모른다. 하지만 실상은 전혀 달랐다. 마음에 들지 않는 원고에 대한 자책감, 자꾸 남의 집에 아이들을 맡기는 미안함, 제대로 논문을 쓰지 못하는 무능함 같은 것들 위로 누구에게도 설명할 수 없는 좌절감이 차곡차곡 쌓이고 있었다. 이제 와 생각하면 혜승의 표현 그대로 '아무것도 아닌 사람' 같은 느낌이었다. 그때 문자가 날아왔고, 그 모든 감정이 쏟아져 내렸다.

그날 나는 무릎 염증이 너무 심해져 바로 입원했다.

불쑥 찾아온 '아무것도 아닌 사람' 같은 무기력한 느낌은 강력하다. 혜승처럼 혼자 일하는 환경에서는 그런 감정에 더 쉽게 빠질 수 있다. 혜승 역시 그런 순간들이 있었다. 하지만 그는 여러 시행착오 끝에 자신만의 방식을 찾아냈다. 나처럼 대차게 아프기 전에 작은 상처를 감지하고, 스스로를 다독였다. 그는 마인드 케어 앱을 통해 자신의 상태를 수시로 점검했다. 감정의 수위가 높아진다고 느끼면, 믿음직한 사람에게 털어놓거나 운동을 하며 스스로를 다스렸다. 그렇게 자신만의 루틴을 만들어가며 스스로를 돌보자, 오히려 자신을 더 깊이 이해하게 되었다.

"저도 몰랐는데, 제가 꽤 강한 완벽주의자 성향이더라고요. 김연아가 아니면 실패, 손흥민이 아니면 실패라고 무의식중에 믿고 있었던 것 같아요. 그래서 100%를 채우지 않았으면, 결과로 확 보이지 않으면 의미 없다고 여겼죠. 근데 이제는 저 스스로를 알게 되면서, 그런 생각이 들면 마인드 케어 앱을 켜고, 제 마음을 들여다봐요. 매일매일 조금씩 채워나가는 것이 얼마나 중요한지 깨닫게 됐고, 그동안 내가 해온 모든 과정이 정말 의미 있다는 걸 느껴요. 그리고 지금 내가 하는 다양한 활동들이 모두 내가 과거에 열심히 살면서 뿌린 씨앗의 결과라는 것도 깨닫게 됐어요. 그래서 지금은 이렇게 생각해요. '당장 꽃이 피지 않아도 괜찮아.' 마음이 훨씬 가벼워졌어요."

혜승은 창업 전 다양한 직장 경험을 쌓았다. 대기업 금융회사 인턴에서부터 시작해 수출 지향의 제조회사에서 실무를 익혔고, 영어의 필요성을 절감해 과감히 영국으로 건너갔다. 그곳에서 4년 정도 지내며, 연수와 아르바이트를 병행했다. 이후 영국 럭셔리 키즈 브랜드 이커머스 회사 마케팅팀에 정식으로 입사했다.

한국으로 돌아온 뒤에는 새로운 일을 만들어가고 싶어, 스타트업 회사 두 곳에서 실무경험을 쌓았다. 이처럼 직종과 규모가 다양한 조직을 두루 거친 경험은, 창업 이후 혜승에게 그 무엇보다 든든한 자산이 되었다. 그래서 그는 지금의 시간 역시, 훗날의 자신에게 분명히 의미 있는 자양분이 될 거라고 믿고 있다.

혜승의 유튜브 채널의 이름은 〈퇴사하고 하고 싶은 거 다 해〉다. 이 채널에는 창업 컨설팅 같은 전문적인 영역부터 마인드 케어나 점심 메뉴 같은 일상적인 영역까지 다 담겨 있다. 솔직하고 담백한 말투에 단단함이 느껴진다. '무계획으로 퇴사했지만, 온전히 자신을 더 이해하고 있다'는 그의 말에 진정성이 묻어난다.

병원에 입원한 첫날, **빽빽했던** 나의 모든 일정이 갑자기 사라졌다. 내 차례의 방송은 다른 작가가 해주기로 했다. 아이들은 마음 좋은 이웃이 돌봐주고 있었고, 대구에서 엄마가 올라오고 있었다. 청소도, 빨래도, 잡다한 약속도 내 눈앞에서 다 사라졌다. 생각해 보면 많은 시간, 나의 무릎은 접혀있었다. 쪼그려 정리를 하고, 종종거리며 아이를 보고, 구부려 집안일하고, 말린 자세로 원고를 써야 했으니까. 내게 주어진 일의 개수만큼 '5'나 '6'의 모양으로 웅크리고 살아가던 나는, 병원에 눕자 비로소 '1'이 되었다.

강제로 펴진 무릎에 맞춰 나도 펴졌다. '1'이 되니, 창밖의 계절이 보였다. 여름이 무심히 흘날리고 있었다. 편안했다. 침대는 딱딱하지만, 마음은 편한 게스트 하우스에 온 기분도 들었다.

그때, 부르르 다시 핸드폰이 울었다. 문자였다. 이번에는 아는 번호였다. 상황이 그려졌다. 급하게 짐을 꾸려 기차역으로 가는 엄마였다.

'지금엄마간다불편하지항상건강을쟁계야한'

스마트폰이 익숙지 않은 엄마의 문자는 띄어쓰기도 안 되고, 오타도 많았다. 그러나 충분했다. 나는 이 문자를 오랫동안 바라보았다. 그리고 알았다. 이제 나는 괜찮을 것이다. 이 시간도 내게는 자산이 될 것이다. 나는 더 잘 쓸 것이다. 더 나아질 것이다. 더 나은 작가가 될 것이다. 아니, 그렇지 않아도 괜찮다. 적어도 나는 더 나은 사람이 될 것이다. 이런 다정한 문자를 받을 자격이 있는 사람이 될 것이다. 고개를 들고, 결국 나만의 길을 찾아가는 '1'이 될 것이다.

30대, 여성, 창업. 이 세 단어는 에너지가 가득하다. 그래서 혜승은 많은 동료들을 만난다. 창업 여성 대표들과 연대 모임도 가지고, 다양한 행사에 참석해 선배들의 이야기를 듣는다. 내가 해보지 않은 분야에서 새로운 일을 찾는다는 건 곧 모험이다. 특히, 혜승처럼 창업하는 경우는 더 그렇다. 변수가 너무 많다. 내 앞에 어떤 길이 펼쳐질지 그 누구도 알 수 없다. 당연히 리스크도 크다.

그러나 무엇인가 오롯이 경험해 본 사람이 느끼는 깨달음과 희열의 크기는 해보지 않은 사람은 알 수 없는 것이다. 그래서 혜승은 자신의 이야기를 세상에 더 내놓고 싶다. 책 쓰기도, 유튜브도, 컨설팅도 그래서 한다. 누군가에게 이런 길도 있다는 걸 보여주고 싶다. 알리고 싶다. 모든 게 예정대로 되는 건 아니지만, 그래도 해볼 수 있고 도전해 볼 수 있다는 메시지를 전하고 싶다.

헤르만 헤세의 『싯다르타』는 작가가 평생 찾아온 깨달음을 '싯다르타'라는 인물을 통해 풀어낸 자전적인 소설이다. 『싯다르타』 속 '싯다르타'도 안주하지 않는다. 스스로 길을 나선다. 그 과정은 결코 평탄하지 않다. 자만에 빠지기도 하고, 안락함에 잠시 머물기도 하고, 고난을 마주하기도 한다. 그러나 싯다르타는, 그리고 헤르만 헤세는 깨닫는다. 이 모든 과정이 곧 나이고 삶이라는 것을. '사물의 의미와 본질은 사물의 배후 그 어딘가에 있는 것이 아니라, 사물들 안에 모든 것 안에 있***다는 것을.

    이 책을 쓰는 동안 자주 먼 산을 쳐다보았다. 내가 들은 이 이야기들이 독자에게 제대로 닿을 수 있을까. 모두가 다른 세상에 사는데, 소위 '자기계발식의 잔혹한 낙관주의'****를 강요하고 있는 건 아닐까 하는 불안이 일렁였다. 내가 만난 인터뷰이들이 N 번째 일을 잘 찾아가는 결과만을 강조하고 있는 건 아닐지 걱정도 됐다. 그러나 나는 혜승을 만나면서, 그리고 그 시절 내 이야기를 털어놓으며 내가 진짜 하고 싶은 말을 되새겼다. 나는 이 책을 통해 누군가가 롤 모델 삼을 만한 성공 이야기를 들려주고 싶은 게 아니다. 다만 '일'을 매개로 우리가 얼마나 다양한 삶을 살아갈 수 있는지를, 실제 하는 삶을 통해 보여주고 싶다. 그렇게 지금 어떤 꽃이 피어날지 몰라도 묵묵히 씨앗을 심고 있는 혜승의 삶을, 그

   *** "그는 주변을 둘러보았다. 마치 처음으로 세상을 바라보는 것처럼, 세상은 아름다웠다. 세상은 다채로웠다. 세상은 기이했고, 수수께끼 같았다. 파란색이었다가, 또 노란색이 되고, 또 초록색이 되었다. 하늘은 흐르고, 강과 숲은 멈춰 있었다. 산은, 산은 온통 아름다웠다. 모든 것이 수수께끼 같고 마법 같았다. 그 안에서 깨어난 자, 싯다르타는 자기 자신에게로 향하는 길을 걷고 있었다. (...) 사물의 의미와 본질은 사물의 배후 그 어딘가에 있는 것이 아니라, 사물들 안에 모든 것 안에 있었다." 헤르만 헤세 『싯다르타』 (열림원, 2023), p65~66

   **** 요한 하리 『도둑맞은 집중력』(어크로스, 2023)에 나오는 "문제가 시스템에 있는 것이 아니라 네 안에 있다고 개인에게 책임을 전가"하는 "잔혹한 낙관주의"라는 표현을 인용하였다.

리고 그 삶을 닮은 우리 모두를 응원하고 싶다.

우물

맑고 깊게 가득 찬, 마르지 않는

문선희

현대사회의 이면에서 일어나고 있는 사건들에 대해 고민하며, 우리 사회의 작동 방식과 방향에 질문을 던지는 사진작가.

2015년에 발굴 금지 기간이 해제된 구제역·조류 독감 매몰지 100여 곳을 기록한 《묻다》를 발표했다. 2016년에는 5·18광주민주화운동 당시 초등학교를 다녔던 광주시민 80여명을 인터뷰하고 그들이 살았던 동네와 기억을 엮은 《묻고, 묻지 못한 이야기》를 발표했고, 2019년에는 지난 15년간 고공농성이 일어났던 장소들을 담아낸 작업 《거기서 뭐하세요》를 발표했다. 2022년 고라니 초상사진 연작 《널 사랑하지 않아》를 발표했고, 2023년에는 고라니 초상사진집인 『이름보다 오래된』을 출간했다.

교사에서 사진작가가 된 선희

흐린 목요일 저녁. 선희는 강연장에 미리 도착했다. 강연장은 넓고 횅했다. 평일 저녁의 고단함이 느껴지는 시간, 즐겁고 편안한 이야기를 듣는 것조차 버겁게 느껴질 수 있었다. 하물며 제목만 들어도 슬프고 무거운 이야기를 누가 들으러 올까 생각했다. 그러나 밀물이 해변을 채우듯 사람들이 강연장으로 들어섰다. 나이도 성별도 사는 곳도 모두 다른 마음들이 둥글게 무릎을 맞댔다. 선희는 그들을 향해 오랫동안 혼자 간직해온 기억과 마음을 꺼내 놓았다. 몇 년간 100곳의 매립지를 찾아다니며 기도하듯 셔터를 눌렀고, 그런 시간이 만들어낸 사진들과 이야기였다.

최대한 잘 전달하고 싶어 허리를 꼿꼿하게 폈다. 목울대를 타고 올라오는 감정을 누르고, 담담하게 사진에 공감각을 입혔다.

'말캉말캉한 땅, 빈 땅 위에서 퍼지던 오리 냄새, 추상표현주의 화가 잭슨 폴락의 작품을 닮은 곰팡이 무늬들, 그리고 이 모든 걸 단적으로 드러내는 전염병으로 인해 살처분되어 매립된 동물들의 숫자*에 대해 말했다.

사진을 둘러싼 이야기가 흐르면서 보이지 않던 것이 보이기 시작했다. 강연장에 모인 이들의 눈이 조금씩 물들었다. 그득 차서 흘러내리기도 하고, 가만히 머금고 있기도 했다. 그 순간, 그들은 선희가 담아 온 시간을 함께 경험했다.

"한 번은 어떤 분이 물으셨어요. 어떻게 도망치지 않을 수 있었느냐고. 그분도 매몰지에 간 적이 있으셨대요. 나무를 찍으려고 이리저리 구도를 잡다가 갑자기 발밑 땅이 물컹했다고. 너무 기괴한 느낌이라 자기도 모르게 비명을 질렀는데, 함께 간 사람들

---

* 문선희 작가는 2010년 동물 살처분 매몰지를 찾았다. 이후 전국을 돌며 100곳의 매립지를 촬영했다. 그의 작업은 '전염병에 의한 동물 살처분'에 대한 근본적인 문제제기를 하며, 사회적으로 큰 반향을 일으켰다. 2015년 첫 사진전을 시작했고, 한겨레21등 각종 매체에 실렸다. 문선희 작가는 스스로 이 작업을 제의(祭儀)라고 느꼈다. 작가로서 제보자로서 시민으로서 어디든 부르면 성실히 응했다. 그 결과, 법과 제도에도 느리지만 변화가 일어나고 있다. 이는 문선희 작가의 작업과 여정은 『묻다 - 전염병에 의한 동물 살처분 매몰지에 대한 기록』 (책공장더불어, 2019)에 성실히 담겨 있다. 책정가의 6퍼센트는 가축 전염병에 의한 예방적 살처분을 거부한 첫 사례인 <참사랑 동물복지>농장에 기부된다.

이 매몰지라는 것을 알려주자 온몸에 소름이 돋았대요. 몇 년이 지나도 여전히 그 느낌이 생생할 정도로 커다란 충격을 받았는데, 어떻게 그런 곳을 가고 또 갈 수 있었느냐고.

일단 저는 우연히 간 게 아니었어요. 걱정스러운 마음에 일부러 찾아간 거였어요. 그래도 물컹한 땅을 처음 접했을 때, 도망칠 생각을 하지 않은 건 아니었어요. 소름 끼치도록 무서웠거든요. 하지만 외면하기 어려운 장면을 목격했고, 시민의 한 사람으로서 어떤 책임감을 느꼈어요. 처음부터 작업을 하려던 건 아니었는데, 다니다 보니 우리가 한 짓이 너무 끔찍하고, 동물들에게 너무나 미안해서 뭐라도 하지 않고는 견딜 수 없는 마음이 들었어요. 그래서 늦었지만, 사죄의 마음을 담아 작업을 하게 됐어요. 전염병이 해마다 반복되리라고는 생각하지 못했고, 그저 저는 우리가 저지른 짓을 외면하지 않고 똑바로 바라보며, 반성하고 사죄하고 기도하는 최후의 인간으로 남겠다는 마음으로 그 땅들을 기록했어요."

최진영의 소설 「홈 스위트 홈」에는 '사라짐'을 예감하는 딸과 엄마가 등장한다. 소멸의 원인은 딸의 암 재발이다. 딸의 시간은 선형적으로 흐르지 않는다. 소설 속 '시간은 발산한다. 과거는 사라지고 현재는 여기 있고 미래는 아직 오지 않은 것이 아니라, 하나의 무언가가 폭발하여 사방으로 무한히 퍼져나가는 것처럼 멀리 떨어진 채로 공존한다. 과거는 사라지지 않는다. 기억하거나 기억하지 못할 뿐. 미래는 어딘가에 있다.'**

그래서 「홈 스위트 홈」 인물들의 과거, 현재, 미래는 '여기'에 동시에 머문다. 시간을 멈추거나, 부정하거나, 어디론가 향해 간다고 보지 않는다. 과거의 어느 순간과 지금 그리고 미래가 함께 존재한다. 그들은 아픈 몸을 받아들이고, 바로 '여기'에서 사랑하는 사람들과 '스위트 홈'을 만든다.

나는 선희의 작업을 보며 최진영의 소설 「홈 스위트 홈」 속 인물을 떠올렸다. 선희의 카메라는 여기와 지금의 아픔을 똑바로 응시한다. 마주한다. 우리 옆에 있지만 우리가 경험해 보지 못한 시선이다. 이 시선을 통과하며 시간은 발산한다. 과거, 현재, 미래가 뒤섞인다. 희망이 없는 곳에서 희망을 읽어내고, 궁극적으로 우리에게 '여기에 두고 가야 할 천국'을 보여준다.

구제역과 조류인플루엔자로 살처분된 동물들을 기록한 《묻다》(2015)의 카메라는 땅에 수직으로 꽂힌다. 클로즈업한다. '살처분'이라는 단어가 내포한 어마어마한 폭력성을 담담하고 정직한 사진으로 담아낸다.

** 최진영 「홈 스위트 홈」 『쓰게 될 것』 (안온, 2024) p262

《묻고 묻지 못한 이야기》(2016)는 5.18 당시 어린아이였던 이들의 기억을 소환한다. 그들의 이야기는 마을 골목 벽에 새겨진 세월의 흔적과 연결된다. 스쳐 지나가기 바빴던 낡은 담벼락 위로 시선이 고요히 머문다. '그곳에 사람이 있었고, 지금도 사람이 있다'는 당연한 사실이 낡은 담벼락을 타고 흐른다. 공명한다. 5.18은 어제의 남의 이야기가 아니라, 오늘의 나의 이야기가 된다.

굴뚝, 고압 철탑, 콘크리트 교각처럼 높이 솟은 곳에 올라가 홀로 견디는 고공농성 현장들을 기록한 《거기서 뭐 하세요》(2019)는 주변의 모든 것을 지우고 높이 우뚝 솟은 현장만 도드라지게 작업했다. 그들의 행위가 절망이 아니라 희망임을 보여주고 싶었다. 운동장이 기울어져 있음을 알지만, 시간도 내 편이 아님을 알지만 주저앉아 체념하는 대신, 희망을 쥐고 올라 간 사람들. 우리가 해야 할 일은 그들을 외면하는 것이 아니라, 또렷이 바라보고 '왜 올라갔는지' 물어보는 일이라고 굴뚝만 도드라진 그의 작업이 말하고 있다.

고라니 초상 사진전 《널 사랑하지 않아》(2022)[***]는 십 년간

[***] 문선희 작가는 2012년 출근길에 사슴과 동물과 마주쳤다. 사람들에게 물었지만 누구도 노루인지 고라니인지 구분할 수 없었다. 그때 처음 연간 25만 마리가 로드 킬과 포획으로 생명을 잃고 있음에도 정작 우리는 고라니가 어떻게 생겼는지 모른다는 사실을 깨달았다. 문선희 작가는 이후 10년간 고라니 초상을 찍었고, 이를 모아 2022년 <널 사랑하지 않아> 전시를 열었다.

작업한 결과물이었다. 고라니의 몸길이는 90cm 남짓. 그 눈높이에 맞추기 위해 선희는 몇 시간이고 가만히 웅크린 채 기다려야 했다. 고라니가 선희를 받아들이는 순간이 오면, 조심스레 무릎을 굽히고 엎드려 고라니와 시선을 맞췄다. 놀랍지만, 당연하게도 모든 고라니의 얼굴은 달랐다. 선희는 그 각성의 경험을 우리에게 건넨다. '유해 동물'이라는 프레임에 갇혀 미처 보지 못했던, 고라니의 고유한 얼굴들이 거기에 있다.

선희의 작업은 말한다. 어쩔 수 없는 일도, 이미 지나간 일도 아니다. 지금 여기에서 여전히 과거, 현재, 미래가 공존하며 우리에게 영향을 미친다. 현재를 제대로 봐야 과거도 미래도 변한다. 선희의 카메라는 늘 정면으로 그 시간을 응시한다.

"제 작업은 크게 두 가지로 나눌 수 있어요. 이미지를 만드는 작업과 작업의 과정을 글로 풀어 책을 만드는 것. 이미지를 만들 때는 사진의 기록성을 중요하게 생각해요. 사진 매체가 갖는 소중한 장점이니까 되도록 활용하려고 해요. 다만 자극적이거나 선정적인 장면은 의도적으로 피하는 편이에요. 폭력적인 이미

이 작업을 바탕으로 2023년에는 고라니들의 초상 사진과 글을 엮어 『이름보다 오래된』(가망서사, 2023)을 펴냈다. 2021년 제22회 광주신세계미술제 대상, 2023년 제13회 일우사진상 다큐멘터리 부문을 수상했다.

지는 제가 감당하기 어려울 뿐만 아니라, 오히려 사람들의 감정을 무디게 만들 우려가 있다고 생각하는 쪽이거든요.

책을 쓸 때는 조금 다른 고민을 해요. 제 책은 주로 작업의 과정을 담은 글이지만, 분노나 절망, 슬픔으로 점철된 글이 되지 않게 하려고 마음을 쓰는 편이에요. 제 책을 손에 쥐는 분들은 대부분 이미 문제의식을 느끼고 세상을 걱정하는 선량한 분들일 확률이 높잖아요. 그런 분들께 무력감이나 막막함을 전하고 싶지 않아요. 그래서 제가 경험하고 깨달은 것 중에서 최대한 영감을 줄 수 있는 내용을 담으려고 노력해요."

학창 시절 실시한 문·이과 성향 검사에서 선희는 전교에서 편차가 가장 큰 아이였다. 친구들은 고민할 필요 없이 문과로 가면 되겠다며 부러워했다. 당연했다. 매일 책을 읽는, 철학자나 시인이 되고 싶었던 소녀가 선희였으니까. 그러나 선희는 모두의 예상과는 달리 이과를 선택했다. 딸의 미래를 걱정하는 부모의 마음을 존중했기 때문이다. 사범대 가정교육과로 진학했고, 선생님이 되었다. 의외로 즐거웠다. 적성에 맞았다. 가정교육이라는 실용적인 학문도 매력적 이었다. 교과서 밖으로 나와 아이들에게 현실적으로 가르쳐 줄 수 있는 게 많았다. 수업 전후 달라지는 아이들의 눈빛이 고왔다. 아이들은 교실 밖에서도 선희를 믿고 따랐다.

"아이들과 신뢰가 쌓이니까, 속 깊은 이야기도 많이 나누게 되었어요. 그런데 저와 이야기를 나누는 과정에서 자기 생각에 확신을 갖게 된 아이들이 집에서나 학교에서 자신의 의견을 드러내기 시작했고, 그것이 어른들을 곤란하거나 혹은 불편하게 만들었어요. 결국 화살이 저에게 돌아왔고요. 교사 문선희는 월급을 받고 일하는 사람이니, 학교에서 학생들을 대할 때는 개인적인 생각이나 의견이 아니라 교육청과 학교의 방침에 따라야 한다는 주의를 받았어요. 당혹스러웠지만, 반박할 여지가 없더라고요."

학교는 선희에게 주체적으로 생각하고 행동하고 판단해서는 안 된다고 했다. 마치 긴 꿈에서 깬 기분이었다. 학교는 이제 자신과 가장 맞지 않는 곳이 되었다. 마음속 구멍이 하루가 다르게 커지던 어느 날, 선희는 스스로를 돌아봤다. 한 줌의 미련도 남아 있지 않았다. 이렇게 살면 마음에 공백이 점차 커질 것이고, 그 허무에 자신이 잡아먹힐 것 같았다.

교사로 일하던 시절, 카메라는 선희의 취미였다. 시간이 날 때마다 카메라를 들었다. 든든했다. 혼자라도 외롭지 않았다. 물 만난 물고기가 된 기분이었다. 사람들과 함께 출사를 나가도 다른 걸 담았다. 모두가 중앙에 자리한 크고 아름다운 것을 볼 때, 선희는 구석진 곳, 낮은 곳, 작은 곳으로 시선을 돌렸다. 그렇게 프레임 안에 자신의 마음을 그려냈다. 시를 쓰듯 제목을 붙였다. 그 과정은 신비롭고, 충만했다. 카메라는 선희에게 '마법의 붓'이었다.

20대의 어느 날, 나는 서랍 청소를 하다 오래된 카세트테이프를 발견했다. 중학교 때 녹음한 것이었다. 그때는 그런 게 유행이었다. 공테이프를 사서 넣어뒀다가, 라디오에서 좋은 노래가 나오면 녹음 버튼을 눌렀다. 자기만의 선곡 리스트를 만들어, 녹음하고 친구들에게 선물도 했다. 그런 카세트테이프 중 하나로 보였다. 플레이어에 넣고 재생 버튼을 눌렀다. 당시 유행하던 노래가 나오더니, 중학생이었던 내 목소리가 들렸다. 듣기 싫으면서도 또 듣고 싶었다. 이런저런 조금은 오그라드는 멘트가 이어지다가, 곧이어 "난 꼭 방송작가가 될 거야."라는 말이 흘러나왔다. 그 말을 듣는 순간, 정말 방송작가가 된 나의 팔에 오소소 소름이 돋았다.

나 역시 선희처럼 문과 성향이 분명한데도 이과로 진학했다. 심지어 처음 선택한 대학 전공은 전자전기공학부였다. 누가 강요한 것도 아닌데, 그렇게 했다. 그러나 대학 진학 후 바로 알았다. 전공을 살려 일을 하면 내 삶은 정말 재미없어지겠구나. 마음에 큰 구멍이 뚫리겠구나. 힘들겠구나. 어렸던 나는 일은 곧 경제력이라고만 생각했다. 내가 진학 한 과는 당시 대기업에서 큰 금액을 지원하고 있었다. 등록금 부담도 거의 없었고, 졸업과 함께 상당수가 그 기업에 취직했다. 누구나 말하는 전망이 밝은 과였다. 모두 내게 전공을 잘 선택했다고 했다. 그러나 나는 알았다. 아니라는 걸. 사실 진작 알았는데, 인정하지 못했을 뿐이었다. 아무리 월급이 많아도 깨어있는 시간 중 가장 긴 시간을 전자전기공학부와 관련된 일을 하고 싶지 않았다.

뒤늦게 자각이 왔지만, 막상 무엇을 할지 막막했다. 그래서 무작정 마음이 가는 쪽으로 움직였다. 〈여성의 전화〉에서 거의 1년간 자원봉사를 하며, 지극히 평범한 가해자들과 거대한 편견에 짓눌린 피해자들을 마주했다. 그러나 동시에 희망도 봤다. 피해자의 이름이 아닌 가해자의 이름으로 사건을 명명하고, 발로 뛰는 활동가들이었다. 미등록 이주민 자녀들을 위한 학교에도 자원봉사를 하러 갔다. 해맑은 아이들 뒤로, 무심하고 폭력적인 사회 정책이 있었다. 나는 답답하면서도 궁금했다. 이 사회가 나아지는 데 작은 역할이라도 하고 싶었다. 그래서 사회학과로 옮기고, 결국은 방송작가가 되었다.

그러나 이 모든 여정을 거치는 동안, 중학교 때 녹음했던 저 말은 까맣게 잊고 있었다. 어찌 보면 결국 돌고 돌아 제자리로 온 셈이다. 그렇다면 의미가 없을까. 그렇지 않다. 내가 보낸 모든 순간이 지금의 나를 만들었다. 맞지 않는 옷을 입어 보았기에, 맞는 옷을 찾아 떠날 수 있었다. 내가 생각할 때 나에게 가장 잘 맞는 일은, 나를 지치게 하지 않는 일이다. 결과와 상관없이, 더 해보고 싶어지는 일. 나는 그런 일을 하고 싶었고, 돌아 돌아 찾아냈다.

선희의 전시회를 본 부모님은 '결국 이렇게 하게 될 일인데, 도와주진 못해도 반대는 하지 말 걸'이라고 했다. 부모님의 촉촉한 눈빛이 선희의 눈에도 스며들었다. 선희는 진심으로 답했다. 아니라고. 멀리 돌아온 덕분에 지금의 내가 될 수 있었다고. 그 대답 안에는 말로 다 담기지 않는 환한 마음이 조용히 자리해 있었다.

선희는 교사를 그만두고 각종 아르바이트를 했다. 작업에 방해되지 않는 선에서, 필요한 만큼만 일했다. 시간 대비 보수가 나은 일을 선호했지만, 사진 찍는 일만큼은 아르바이트로 하지 않았다. 상업적인 습관이 몸에 밸까 우려했기 때문이다. 대신, 소비를 줄였다. 옷은 언제든 입을 수 있는 기본 스타일로 골랐고, 머리도 손질이나 비용이 들지 않는 방식으로 유지했다.

"우리나라 예술가 평균 연봉이 500만 원이라는 기사를 보고 저도 한 번 계산해 본 적이 있는데, 제가 딱 500만 원이더라고요. 작업비로 지출한 금액이 500만 원 이상이니 엄밀히 말하면 마이너스지만요(웃음).

작업만으로도 돈을 잘 버는 예술가도 있겠지만, 그들도 돈을 벌기 위해 작업하는 것은 아닐 거예요. 돈을 위해 무언가를 만드는 일을 예술이라고 부를 순 없지 않을까요? 예술은 직업이라기보다 존재 방식에 가깝다고 생각해요. 저는 죽는 순간까지 예술가로서 존재하고 싶어요.

'왜'라고 질문하는 사람, '어디로'라고 끊임없이 묻는 사람, 약자들의 뒤에 선 사람이 되고 싶어요. 우리에게 꼭 필요한 이야기를, 예술의 언어로 어떻게 건드릴 수 있을지 고민하는 삶을 살고 싶어요. 아무 생각 없이 걷던 사람을 붙드는 돌부리 같은 작품을, 한 번 보고 나면 그 전으로는 돌아갈 수 없도록 각성하게 만드는 작품을, 내면적이고 성찰적인 작품을 만들고 싶어요. 예술 그 자체에 성실하고 신의를 지키는 작가가 되고 싶어요. 그런 생각들이 저를 숨 쉬게 하고 뜨겁게 하고 충만하게 만들어 주는 덕분에, 세상의 잣대에서 조금은 자유로울 수 있는 것 같아요."

선희를 만나기 위해 나는 그의 책을 보고, 기사를 읽고, 영상을 봤다. 단어 하나하나의 울림이 남달랐다. 묵직한 무게감이 전해졌다. 직접 마주 앉아 선희 이야기를 듣다 보니 이해가 됐다. 오랫동안 현장에서 다진 내공이 그의 언어 곳곳에 차분히 자리하고 있었다. 이야기를 듣다 나도 강연장에 앉은 청중처럼 자꾸만 목이 멨다. 먹먹함에 질문이 헛돌아도, 반짝이는 답이 돌아왔다. 울렁였다. 인터뷰를 끝내고 집으로 돌아오는 길에는 덜컥 겁이 났다. 작고 얕은 간장 종지만 한 내가, 우물물처럼 깊고, 맑고, 가득 찬 선희 이야기를 제대로 담아낼 수 있을까.

'새로운 일'이라는 카테고리 안에 담기에 선희의 이야기는 너무나 충만하다. 가득 차 있다. 그럼에도 불구하고, 나는 오랫동안 선희가 걸어온 그 길처럼, 나희덕 시인의 시구처럼, '불가능성의 가능성을 믿어보려'[****]한다. 가능해서 하는 게 아니라 불가능할 줄 알면서도, 닿을 수 없을지 몰라도 시도해 보는 것. 가보는 것. 그 힘을 전하고자 한다. 선희의 우물에 많은 이들이 자신을 비춰 볼 수 있길 바란다. 아니, 무엇보다 내가 그래야겠다고 다짐한다.

[****] 나희덕 「가능주의자」 『가능주의자』 (문학동네, 2021)

수프와 싶
모두 함께 든든하게

이애리

한 가지 역할로 저를 규정하기는 힘든 것 같아요.
저는 대외적으로는 돌멩이 수프 책방지기 고사리가 대표 직함이지만요.
비공식적으로 엄마라는 역할이 크고요. 어디서든 무엇을 표현하고 싶은
스스로 영원히 무명작가이기를 바라는, 수많은 이름으로 주변을 밝히는
애리입니다.

드라마 보조 작가에서 동네 서점 대표가 된 애리

"돌멩이로 수프를 끓인다고?"

사람들은 믿지 못했다. 낯선 이들에게 자신의 양식을 숨기기 바빴던 사람들이 호기심에 이끌려 광장으로 나갔다. 큰 솥이 걸려있었다. 솥 안에는 정말 돌멩이가 있었다. 모여드는 군중들 곁에서 이방인이 웅얼거리듯 말했다.

"아…. '그것'만 있으면 왕에게 바친 수프와 같은 훌륭한 맛이 날 텐데…"

혼잣말은 바람처럼 사람들 사이에 퍼졌다. 모두 각자가 가진 '그것'을 내놓았다. 침대 아래 묻어둔 쌀, 장롱 속에 숨겨둔 당근, 헛간 구석에 감춰둔 양파, 쇠고기, 우유, 감자…. 수프는 점점 더 뭉근하게, 달보드레하게, 그윽하게 익어갔다.

『돌멩이 수프』는 세계 여러 지역에서 공통으로 나타나는 옛이야기다. 여러 버전*이 존재하지만, 핵심은 같다. 작은 돌 하나에서 시작된, 모두가 함께 만들어가는 달콤한 기적의 이야기다.

처음 애리가 상가 문을 열었을 때, 그곳은 커다란 솥처럼 텅 비어 있었다. 애초에 작정했던 것은 아니었다. 집 전세 계약 연장을 위해 부동산을 갔다가 우연히 빈 상가가 있다는 말을 들었다. 호기심이 일었다. 2층 계단을 올라 좁은 복도를 걸었다. 문을 열었고, 눈앞에 큰 창이 펼쳐졌다. 나무 사이로 구름이 소담하게 걸려있었다. 햇볕이 고인 창문을 열자 바람이 슬며시 얼굴을 쓰다듬었다. 공기에서 감미로운 수프, 아니 숲의 향기가 나는 것 같았다. 애리는 크게 심호흡했다. 아주 중요한 무언가가 애리 안으로 스며들었다. 망설일 이유가 없었다. 그 길로 상가 계약을 했다.

---

* 『돌멩이 수프』의 공통적인 줄거리는 다음과 같다. - 낯선 사람들(군인, 여행객 등)이 마을로 온다. 그들은 먹을 것을 나눠주기를 요청한다. 마을 사람들은 이방인들을 외면한다. 그들 자신도 먹을 것이 넉넉지 않기 때문이다. 그러자 이방인들은 마을 중앙에 큰 솥을 걸고, 돌멩이로 수프를 끓이겠다고 한다. 호기심에 몰려든 사람들은, 하나둘 자기만 먹으려고 숨겨뒀던 것들을 내놓는다. 그렇게 '당근, 양배추, 감자, 쇠고기, 보리, 우유….' 등 갖가지 재료가 듬뿍 들어간 풍성한 수프가 완성된다. 사람들은 '돌멩이 수프'가 너무 맛있고 풍성해서 놀란다. 잔치가 열리고, 모두 모여 즐겁게 수프를 나눠 먹는다.

"홀린 것처럼 계약했어요. 계약하고 나서도, 아니 서점 오픈 날까지도 '과연 내가 이걸 할 수 있을까? 왜 했을까?'라는 생각이 머리를 떠나지 않았죠(웃음). '그래, 계약금 날리자, 접자!' 했다가 '아니야, 그래도 해보자'면서 하루에도 열두 번씩 마음이 바뀌었어요. 주위에서도 다들 걱정을 많이 했죠. '요즘 같은 시대에 서점이라니?' 하면서요.

그때 제가 믿고 따르는 서점 대표님이 계시거든요. 그분이 딱 그러시더라고요. 해보라고. 서점이 잘될 것 같거나, 고생스럽지 않을 것 같아서는 아니고(웃음), 정말 하기 싫었다면 생각을 아예 못 한다고…. 근데 이렇게 계약까지 한 걸 보니 정말 하고 싶은 것 같다고. 그러니 해보라고. 그 말이 정말 큰 힘이 되었어요."

덜컥 계약하고, 덜컥 책장을 주문하고, 덜컥 인테리어를 시작했다. 그 모든 '덜컥'의 과정에서 아무것도 명확하지 않았다. 그러나 단 하나 분명한 것이 있었다. 〈돌멩이 수프〉라는 이름이었다. 『돌멩이 수프』 이야기도 좋아하지만, 입안에서 단어를 가만히 머금고 굴리는 느낌이 참 좋았다. 작고 예쁜 '돌'이 굴렀고, '수프'는 '숲'이 되었다.

서점 〈돌멩이 수프〉는 줄여서 〈돌숲〉이라 불린다. 그렇게 동네의 '숲'이 되었다. 아이들은 학교를 마치면, 학원 사이사이 서점에 와서 책을 읽다 간다. 자신이 읽을 책을 독서 통장에 표시하고 도넛 모양 의자에 서로 앉겠다고 실랑이를 벌이기도 한다. 주말이면 아이들을 위한 북클럽이나 신문 만들기 혹은 아이들 스스로가 선생님이 되는 강연이 열린다. 아이들이 오지 않는 시간에는 어른들이 모여 천천히 책 읽기 모임도 하고, 강연도 듣고, 그림도 그리고, 뜨개도 한다. 정해진 건 없다. 그러나 누군가 상상하면 공간이 열리고, 홍보지가 만들어지고, 사람들이 모인다. 이 모든 과정에는 애리가 있다.

현실적으로 서점 운영으로 얻는 이익은 크지 않다. 오히려 애리의 개인 자금이나 시간과 노력이 훨씬 더 많이 들어가는 경우도 많다.

"서점 2년 하며 깨닫게 됐어요. 아, 〈돌숲〉으로 돈을 벌 순 없겠구나(웃음)! 돈은 다른 걸로 벌자! 여기서는 누구나 와서 마음껏 놀 수 있는 진짜 숲을 만들어야겠다. 그렇게 마음을 기워나가고 있어요. 물론 안 될 때도 많죠. 억울한 마음이 들 때가 왜 없겠어요? 근데, 저도 이제 아는 거죠. 나는 과정이 정말 중요한 사람이구나. 이 과정을 통해 내가 정말 채워지고 있구나. 〈돌숲〉에서 아이들과 사람들이 진짜 숲처럼 즐기는 순간, 저한테 오는 충만감이 너무 큰 거죠."

애리의 이야기 속 '충만감'이라는 단어에, 나도 모르게 덩달아 마음이 부풀어 올랐다. 경제적인 가치와 또 다른 측면에서 일이 우리에게 채워주는 것들. 그 마음을 너무 알 것 같았다. 물론 나는 애리처럼 서점을 운영하지도 않고, 마음이 넓지도 않으며, 그 과정을 마음껏 즐기지는 못하는 사람이다. 다만 (다르지만) 비슷한 경험이 있다.

나는 산 위에 홀로 우뚝 서 있는 아파트에 산다. 주위에는 아무것도 없다. 공기 좋고 맑고 조용한 곳이다. 공동육아 어린이집에 보내기 위해 이 마을로 이사를 왔다. 그런데 이사한 이듬해, 초등학교 바로 옆 마을 산에 '시멘트 혼화제 연구소'가 들어온다고 했다. 놀란 주민들이 청정한 마을을 지키기 위해 나섰다. 텐트를 치고 모였다. 사람들이 늘어났고, 함께한 시간이 차곡차곡 쌓였다. 자연스럽게 같은 풍경을 그리기 시작했다.

'방과 후에 아이들이 와서 그냥 머물 공간이 있었으면 좋겠다. 주민들이 오가다 수다 떨 공간이 있으면 좋겠다. 동아리 모임도 할 수 있는 장소가 있으면 좋겠다.'

사람들의 말이 주문처럼 하나둘 모이자, 정말 공간이 나타났다. 늘 옆에 있었지만 아무도 신경 쓰지 않았던, 사용하지 않고 버려져 있던 창고였다.

거미줄을 걷고, 청소를 시작했다. 쓰레기를 치우고 공간을 비웠다. 나무를 자르고 사포질하며 직접 테이블도 만들었다. 등을 달고 불을 밝혔다. 하나씩 채워나갔다. 마치 자신만의 '그것'을 들고 나와 최상의 수프를 끓여 나눈 이야기 속 마을 주민들 같았다. 그 공간에 아이들이 하나둘 둥글게 모여 앉아 책을 읽었다. 주민들이 함께 바이올린을 배우고 뜨개를 했다. 같은 책을 읽고 필사를 했다. 마을에 작은 도서관이 탄생한 것이다.

이 모든 과정은 당연하게도 누군가의 '일'로 이루어졌다. 나도 아주 작은 힘을 여기에 보탰다. 다른 사람들도 그랬다. 각자가 가진 작은 '그것'을 내놓았지만, 그보다 훨씬 더 많은 걸 누렸고, 누리고 있다. 그 감정을 애리가 말한 충만함과 같은 결의 감정으로 부를 수 있을 것이다.

물론 애리의 서점과 마을 도서관은 완진히 다른 공간이다. 나는 동네 서점을 낭만화하고 싶지 않다. 엄연히 수익을 내야 하는 상업적 공간이다. 그러나 그렇다고 해서 반드시 수익률만을 목표로 삼아야 하는 것도 아니라고 생각한다. 이는 동네 서점에만 해당하는 이야기가 아니다. 우리는 일을 한다. 그러나 반드시 돈을 벌기 위해서만 하는 것은 아니다. 일을 하며 나의 빈 곳을 채울 수 있다면 그것만큼 가치 있는 일이 있을까? 나는 도서관에서, 애리는 서점에서 같은 경험을 한 것이다.

애리의 부모는 그 시절의 평범한 부모와 다르지 않았다. 바빴고, 가부장적이었다. 애리에게 뭐든 잘하기를 바라면서도 순종적이길 바랐다. 어린 애리는 외롭고 버거웠다. 이사도 자주 다녀 마음 맞는 친구와 오래 지낼 수도 없었다. 자연스럽게 어린 애리는 '찬밥처럼 방에 담겨' 엄마를 기다리는 기형도의 시 「엄마 생각」 속 아이처럼 시간을 보낼 때가 많았다. 헛헛한 마음을 책장에 있는 책을 꺼내 읽고, 또 읽으며 눌렀다. 마음이 스산하게 번지는 날에는 떠나온 아이들에게 편지를 띄우기도 했다. 그렇게 애리는 글자를 작게 빚어, 차곡차곡 공허한 내면을 조금씩 채워갔다.

20대의 애리 내면의 솥에는 몇 개의 조약돌이 생겼지만, 여전히 비어 있었다. 뛰거나 걸을 때마다 달그락 소리가 났다. 애리는 꽉 찬 사람이 되고 싶었다. 흔들리지 않고 단단한 사람이 되고 싶었다. 그러나 여전히 무엇을 해야 할지, 어디로 가야 명확하지 않았다. 한 가지는 분명했다. 글로 세상을 그려내는 사람이 되고 싶었다. 충무로에서 시나리오 공부를 하고, 여의도에서 드라마 작가 공부를 한 건 그래서였다.

애리는 약 10년간 드라마 보조 작가로 일했다. 비정기적이고 불규칙한 일이라, 정기적인 수입을 위해 다른 수많은 일도 함께 해야 했다. 고깃집, 동대문 옷 가게, 백화점, 사무실 등이 애리의 또 다른 일터였다. 그 시절 애리의 삶은 점, 선, 면이 교차하는 모빌 같았다. 아르바이트할 때의 애리는 씩씩하고 단단한 점이었다. 드라마 보조 작가의 삶을 살 때는 선처럼 풀려나갔다. 스스로 캐릭터를 만들고 자기 글을 쓸 때는 작지만 단단한 자기 면을 펼쳤다. 이 모든 것은 함께 흔들렸다. 점과 선과 면은 늘 서로에게 영향을 미쳤다. 외부에서 작은 바람이라도 불면 서로 엉켰다. 순간 정지되기도 했다.

"대학 때부터 아르바이트 늘 했어요. 부모님 때문에 공대를 갔는데, 당연히 저와 맞지 않았어요. 근데 또 그만두진 못했어요. 그 대신 보여주고 싶었어요. 그래서 열심히 살았는데, 쉽지 않았죠. 학교 수업 듣고, 아르바이트하고, 글 쓰고 이걸 동시에 했으니까. 졸업하고 보조 작가를 하는데 한 달 페이가 60~70만 원이었어요. 그런데 월세가 35만 원. 당연히 생활비가 더 필요했고,

안 해본 아르바이트가 없을 정도였죠. 근데 막 힘들지만은 않았어요. 호기심이 많았거든요. 일하면서도 많이 배웠죠. 다 글쓰기의 재료가 되기도 하니까. 그러나 그래도 제 안에 늘 아쉬움이 있었어요. 오랫동안 글을 썼지만, 글에만 온전히 집중하지는 못했으니까요. 스스로 글에 최선을 다하지 않았다는 부채감 같은 것이 마음 한구석에 있었어요."

글만 쓰고 싶다는 생각. 내 드라마를 제대로 써보고 싶다는 생각이 연차를 거듭할수록 강해졌다. 어느새 10년 차, 그 생각이 찰랑찰랑 차서 넘칠 때 애리에게 좋은 기회가 찾아왔다. 중국과 합작 제작이 계획된 큰 드라마 팀에 들어가게 된 것이다. 믿을 만한 메인 작가였고, 쟁쟁한 작가 중 어렵게 선발된 자리였다. 애리는 부푼 마음으로 팀에 합류했다. 그러나 곧 사건이 터졌다. 믿었던 선배에게 강하게 뒤통수를 맞았다. 법정 공방까지 갈 수 있는 사안이었다. 그제야 보이지 않던 부분이 보였다. 온갖 소문과 억측이 떠돌았다. 애리는 그길로 드라마 작가 팀을 떠났다. 뒤도 돌아보지 않았다.

"그 후에 우울증이라고 해야 할까요. 자괴감이라고 해야 할까요. 한동안 마음이 힘들었어요. 친했던 다른 작가들과도 연락을 많이 끊었어요. 각자의 입장이 다르다 보니, 제게는 심각한 일이 그들에게는 그냥 냉정한 문제가 되더라고요. 현실적으로 선배에게 권력이 있으니까, 해결이 힘들기도 하고, 그게 또 상처가 되고. 시간이 지나고 보니 원래 소문이 많았더라고요. 저도 제가 직접 겪기 전에는 몰랐던 일이었으니까."

애리의 눈이 깊은 물을 머금고 반짝인다. 비슷한 경험을 가진 프리랜서, 여성, 작가인 나는 그 눈빛에 담긴 복잡성을 이해한다. 우리는 말없이 서로의 커피잔을 바라본다. 여전히 해결되지 않은 감정이 컵 바닥에 남아 검게 일렁인다. 우리가 경험하는 많은 폭력의 뿌리가 권력의 위계에 있음을 안다. 각자가 최선을 다해보지만, 그 역시 아주 좁은 선택의 테두리 안에 있다는 것도 알고 있다.

그러나 우리에게는 힘이 있다. 누군가 자신의 어둠으로 내 안을 채우는 걸 그대로 보고 있지 않는다. 움직인다. 컵을 들고 가만히 흔든다. 짙게 깔려있던 검은 일렁임이 사라진다. 내가 직접 빚은, 전혀 다른 빛이 잔에 채워진다. 마주 앉은 우리는 함께 커피를 마신다. 혀끝이 알싸하다. 이제 빈 잔을 마주한다. 이제 그 잔을 채우는 건 나의 몫이다.

애리는 이후 그림책의 매력에 빠졌다. 그림책을 읽고, 공부하고, 급기야는 직접 쓰기까지 했다. 장면(씬)으로 흘러가는 드라마와 비슷하다고 느꼈다. 이미지 단위로 오르락내리락하는 그림책의 파도 위에 올라타 그 흐름을 즐겼다. 그동안 해온 모든 것이 지금의 즐거움을 만들어냈다. 애리는 그동안 상상하고 표현하고 싶었던 문학적 이미지들을 백지 위에 차례대로 꺼냈다. 물론 마음대로 되진 않았지만, 즐거운 고통이었다. 그 고통을 끝까지 이어붙인 끝에 글 작가로 참여해 그림책 『다시 태어난 지구』(북모아, 2023)도 세상에 내놓았다.

인터뷰가 끝나 갈 무렵 애리는 근황을 들려주듯 편하게 말했다. 요즘에도 새롭게 하고 싶은 게 많다고 했다. 오래된 취미인 탐조를 더 자주 하고 싶고, 매일 걷기를 하는데 걷는 시간이 점차 늘고 있어 뿌듯하단다. 집 근처에 연기 학원이 있어서 연기를 배워볼까 싶어 몇 번 가봤는데, 갈 때마다 불이 꺼져 있어서 아쉬웠고, 보컬도 한 번 제대로 배워보고 싶은 마음이 있다고 덧붙였다. 최근에는 예전에 그렸던 그림을 다시 꺼내 서점에 걸어보았는데 괜찮아서, 그림에도 재도전해 볼 계획이라고 했다.

반짝이는 눈으로 쏟아내는 넓고 깊고 다양한 그의 관심사를 듣다 보니 저절로 입이 벌어졌다. 여전히 저렇게 새롭게 시작하고 싶은 것이 많다니! 기껏해야 요가와 독서 정도만 겨우 하고 있는 나로서는 신세계였다. 나의 반응을 보며 애리는 말했다.

"한동안 나는 아무것도 이룬 것이 없다고 생각했었어요. 그렇잖아요. 드라마 보조 작가 10년 동안 하면서 딱 내 작품이 있었던 건 아니니까. 드라마 작가라고 해도 되나, 작가 지망생이었지 이런 생각을 했어요.

그런데 지금은 작은 동네 서점 주인이잖아요. 내가 이것저것 하나부터 열까지 다 해요. 경영, 홍보, 진행, 모임, 행사 등…. 정말 할 게 너무 많아요. 그런데 신기하게도, 혼자서도 별로 어렵지 않게 해내고 있더라고요. 어떻게 된 걸까 생각해 보니, 지금까지 해온 많은 일들이 다 사라진 게 아니라, 내 안에 쌓여 있었던 거죠. 그런 것이 모여서 큰 힘이 된다는 걸 느껴요.

서점을 하면서 저는 스스로를 정말 많이 인정하고 알게 됐어요. 아, 나는 이런 사람이구나. 호기심 많고 하고 싶은 게 많고 이게 내 본성이구나. 지금도 매 순간 나를 발견하고, 알아가고 있어요. 그리고 그 어떤 순간에도 나는 '글'을 놓지 않았다는 사실도요. 나는 남들만큼 전력 질주도 못하고, 여기저기 기웃거리느라

빨리 가지도 못했지만, 내 속도로 천천히 가고 있다는 것. 그게 바로 나라는 사람이라는걸, 그걸 이제는 알게 됐어요."

힘차게 비상하는 새.
애리의 그림책 마지막 페이지 이미지다. 새 옆에는 담백한 한 줄이 적혀있다. 나는 애리가 쓴 그 마지막 문장을 보며 '글은 나보다 더 잘 쓸 수도 없고, 못 쓸 수도 없다'던 이성복 시인의 문장이 참 맞다는 생각을 한다.

나는 다시 태어납니다.

정말 딱, 애리의 그리고 우리의 문장이다.

닫는 글

열한 명의 여성을 만났다. 그들의 다음 일의 이야기를 들었고, 이해했고, 마음 깊이 감응했다. 책, 영화, 나의 삶과 연결해 선을 이었다. 그러나 안다. 그렇게 간단하지 않다. 그들의 응축된 시간을 모두 담기에 이 책은 너무 작고, 나의 언어는 한없이 미약하다.

그걸 알기에 자주 머뭇거렸고, 많이 망설였다. 하지만 멈추지 않았다. 내 앞에서 이야기를 들려주던 이들의 고운 눈빛과 따스했던 몸짓 덕분이었다. 때로는 말보다 더 많은 것을 건네던 우리 사이에 흐르던 공기의 온도 덕분이었다. 그 힘으로 여기까지 왔다. 감사하다.

처음 이 책을 쓰며 떠 올렸던 제목은 '선 잇는 여자들'이었다. 간단하게 설명되지 않는 삶을 살아가는 모든 이들과 다정하게 이어지고 싶었다. 쉽게 다 안다고 말하는 대신, 곁에 가만히 머물고 싶었다. 각자의 이야기 속에 담긴 애틋함을 최대한 간단하지 않은 방식으로 전하고 싶었다.

이 책을 마무리하는 지금, 나는 다른 누구도 아닌 이 책을 읽는 당신을 상상한다. 이 이야기가 당신에게 얼마나 가닿을 수 있을지는 사실 잘 모르겠다. 다만, 바란다.

이 작은 책의 어느 한 조각에서라도 간단하지 않은 이야기의 힘을 느꼈기를. 당신의 어느 한 부분이라도 감응시켰기를. 그 애틋함이 다른 누구도 아닌, 당신 자신을 꼭 안아주었기를. 앞으로도 당신만의 선을, 당신만의 속도로, 담담히 이어 나갈 수 있기를.

이 응원의 마음을 조용히, 단단히, 깊이 담아 보낸다.

은정아

어떤, 응원

초판　1쇄 발행 2025년 6월 12일

지은이　　　은정아

펴낸곳 공출판사 ｜ 편집 공가희 ｜ 그림 김창순
출판등록 2018년 8월 31일(제2018-000019호) ｜ 주소 충남 당진시 면천면 동문1길 8-1
전화 070-8064-0689 ｜ 팩스 0303-3444-7008 ｜ 전자우편 thekongs@naver.com
홈페이지 kongbooks.com ｜ 인스타그램 @kong_books

ISBN 979-11-91169-24-9　03810

* 책값은 뒤표지에 있습니다.
* 파손된 책은 구입한 서점에서 교환해 드립니다.